AF367865

ENCYCLOPÉDIE

ÉLECTROTECHNIQUE

PAR

UN COMITÉ D'INGÉNIEURS SPÉCIALISTES

F. LOPPÉ, INGÉNIEUR DES ARTS ET MANUFACTURES

SECRÉTAIRE

MÉTHODES ET APPAREILS DE MESURES
ÉLECTRIQUES ET MAGNÉTIQUES

(Deuxième Partie)

PAR **A. ILIOVICI**, INGÉNIEUR

PRÉPARATEUR A L'ÉCOLE SUPÉRIEURE D'ÉLECTRICITÉ

ANCIEN INGÉNIEUR

DE LA SOCIÉTÉ DES PROCÉDÉS GIN POUR LA MÉTALLURGIE ÉLECTRIQUE

PARIS

LIBRAIRIE DES SCIENCES ET DE L'INDUSTRIE

L. GEISLER, IMPRIMEUR-ÉDITEUR

1, Rue de Médicis, 1

1910

21ᵉ Fascicule.

MÉTHODES ET APPAREILS DE MESURES
ÉLECTRIQUES ET MAGNÉTIQUES

Fasc. 21.

ENCYCLOPÉDIE
ÉLECTROTECHNIQUE

PAR

UN COMITÉ D'INGÉNIEURS SPÉCIALISTES

F. LOPPÉ, INGÉNIEUR DES ARTS ET MANUFACTURES

SECRÉTAIRE

MÉTHODES ET APPAREILS DE MESURES
ÉLECTRIQUES ET MAGNÉTIQUES

(Deuxième partie)

PAR **A. ILIOVICI**, INGÉNIEUR

PRÉPARATEUR A L'ÉCOLE SUPÉRIEURE D'ÉLECTRICITÉ

ANCIEN INGÉNIEUR

DE LA SOCIÉTÉ DES PROCÉDÉS GIN POUR LA MÉTALLURGIE ÉLECTRIQUE

PARIS

LIBRAIRIE DES SCIENCES ET DE L'INDUSTRIE

L. GEISLER, IMPRIMEUR-ÉDITEUR

1, Rue Médicis, 1

1910

MÉTHODES ET APPAREILS
DE MESURES

CHAPITRE PREMIER

Généralités sur les appareils industriels

1. Conditions que doit remplir un bon appareil industriel. — Un bon appareil industriel doit remplir certaines conditions, dont les plus importantes sont :

1° *Il doit permettre des lectures rapides.* — Pour cela les appareils industriels sont, en général, à *lecture directe*, c'est-à-dire qu'on lit directement, sur un cadran divisé, la valeur de la quantité à mesurer [1].

Dans les appareils des groupes 1° et 4° (fasc. 20, p. 17) l'équipage mobile porte une aiguille dont l'extrémité se déplace devant la graduation.

---

[1] Dans les appareils pour laboratoires industriels ou les appareils de contrôle, le cadran est souvent divisé en un certain nombre de divisions (en général 100, 120 ou 150) et on obtient la valeur de la quantité à mesurer en multipliant le nombre de divisions lues sur l'appareil par un facteur simple. Ceci permet d'avoir des appareils à plusieurs sensibilités et à graduation unique.

Dans les appareils des groupes 2° et 3° l'équipage mobile agit sur un mouvement d'horlogerie, dont les rouages font déplacer plusieurs aiguilles devant des cadrans gradués.

Dans le dernier cas les mouvements des aiguilles sont lents et on peut relever facilement leurs positions à un moment quelconque ; dans le premier cas, au contraire, la quantité à mesurer peut passer instantanément d'une valeur à une autre et, pour que la lecture puisse se faire rapidement, il faut que l'aiguille s'arrête assez vite à la division qui correspond à la nouvelle valeur de la quantité à mesurer.

Les bons appareils s'arrêtent au bout de 2 à 3 oscillations simples d'une durée totale de 1 à 2 secondes ([1]).

2° *Il doit être robuste, aussi bien au point de vue électrique que mécanique.* — On donne au fil des bobines une section suffisante pour que l'échauffement produit par le passage du courant soit faible. Un grand échauffement pourrait abîmer l'isolant ou déformer les bobines.

D'autre part, l'équipage mobile est monté sur pivots (fascicule 20, p. 20) ou sur couteaux. La suspension par fil serait trop fragile : On l'emploie quelquefois dans les appareils à couple actif faible (exemple : électromètres).

Pour ne pas détériorer les pivots, les équipages mobiles doivent être très légers. Leur poids varie de 1 à 10 grammes dans les bons voltmètres, ampèremètres ou wattmètres. Dans les compteurs on est souvent amené à avoir des équipages beaucoup plus lourds, de l'ordre de 100 grammes ; dans ce cas, pour que les pivots ne s'abîment pas pendant le transport, on prévoit des systèmes permettant de soulever l'équipage ou de le faire reposer par d'autres points que les pointes des pivots.

3° *L'appareil doit toujours donner la même indication pour la même valeur de la quantité à mesurer.* — Il faut pour cela que les pivots soient très bien faits et leurs frottements réduits au minimum. Il faut aussi que l'équipage mobile (aiguille comprise) soit très bien équilibré, surtout si son axe est horizontal.

([1]) Voir fascicule 20, p. 42.

D'après M. Durand ([1]) l'indécision provenant des défauts de pivotage peut atteindre 0,2 °/₀ de la déviation totale, dans les bons appareils étalons. Cette indécision sera plus grande dans les appareils de tableau.

Dans les appareils enregistreurs on doit aussi se préoccuper du frottement de l'aiguille sur le papier, qui peut donner des erreurs importantes.

Certains appareils (exemple : les voltmètres et ampèremètres à fer doux) employés avec du courant continu, donnent des indications qui dépendent du sens dans lequel a varié le courant pour prendre sa valeur (p. 109) ; pour d'autres (appareils thermiques) les indications dépendent — dans certaines limites — de la durée du passage du courant (continu ou alternatif ; voir p. 99).

4° La graduation doit être faite avec soin ; la lecture doit pouvoir se faire avec précision, surtout dans les parties qu'on doit lire souvent. — La graduation la plus facile à exécuter c'est la graduation proportionnelle, que les constructeurs cherchent souvent à obtenir. On y arrive habituellement dans les voltmètres et ampèremètres à cadre mobile, en ajoutant à l'aimant permanent des pièces polaires et un cylindre en fer doux, le tout étant arrangé de façon à obtenir un entrefer d'épaisseur uniforme et par conséquent un champ radial constant ([2]) (fasc. 20, p. 50).

Dans les autres appareils on arrive à une graduation conforme aux besoins (voir plus bas) en donnant aux aimants, aux bobines fixes ou à l'équipage mobile, des formes appropriées, ou encore en faisant — à l'aide de certains artifices — varier le couple antagoniste avec la déviation, d'après une loi appropriée (voir, par exemple, page 119).

La graduation proportionnelle n'est pas toujours la plus convenable. *La meilleure est celle qui donne des intervalles plus grands dans les parties où la lecture se fait le plus souvent.*

Exemple. — Dans les installations à différence de potentiel constante

---

([1]) A. DURAND. — *Les appareils de mesure actuels* (Congrès de Marseille, 1908).
([2]) On verra, dans la description des appareils, d'autres moyens pour arriver à ce résultat.

la meilleure graduation pour les voltmètres est celle qui donne les plus grands intervalles vers la fin de la graduation (exemple : voltmètres thermiques, électrodynamomètres) ; pour les ampèremètres, qui mesurent des courants souvent de beaucoup inférieurs à leur maximum, il

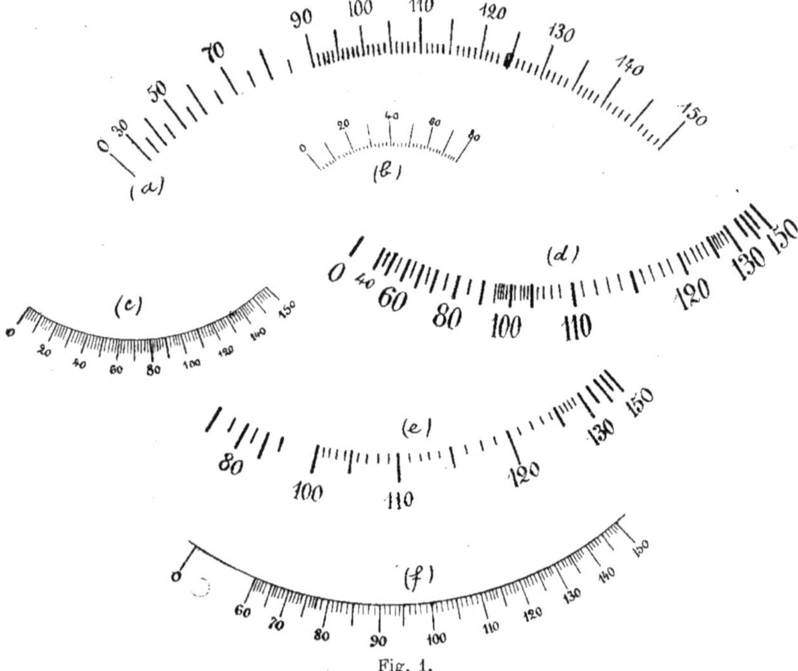

Fig. 1.

a, Echelle de voltmètre thermique ; b, Echelle d'ampèremètre Deprez ; c, Echelle proportionnelle ; d, Echelle amplifiée pour 110-120 volts ; e, Echelle amplifiée pour 110-120 volts, avec la graduation commençant à 75 volts ; f, Echelle d'appareil à fer doux.

convient d'avoir des intervalles plus larges vers le commencement et le milieu (exemple : ampèremètre Deprez-Carpentier).

On fait souvent des appareils (surtout des voltmètres) à échelle très amplifiée dans la partie utile.

La figure 1 représente quelques types de graduation.

Pour que la lecture puisse être faite avec précision, on doit éviter les erreurs de parallaxe ; il convient donc, que l'extrémité de l'aiguille soit très près de la graduation. Dans les appareils de précision la graduation est souvent tracée sur le bord d'un miroir (fascicule 20, p. 22).

5° *Les indications de l'appareil doivent être indépendantes de la température et de l'état hygrométrique du milieu ambiant.* — Cette condition est difficile à remplir parce que la température a une influence sur la résistance du fil des bobines, sur l'aimantation des aimants permanents, sur l'élasticité des ressorts, sur les dimensions des supports (important surtout pour les appareils thermiques), etc. Nous verrons dans la suite comment on arrive à corriger ces influences.

La température et l'humidité peuvent aussi déformer le cadran sur lequel est tracée la graduation. Pour réduire ces influences, la graduation est gravée sur une plaque métallique ou imprimée sur une feuille de papier collée sur une plaque métallique ; souvent on colle du papier sur les deux faces pour éviter la déformation par différence de dilatation.

6° *L'exactitude de l'appareil doit se conserver longtemps.* — Il faut pour cela que les pivots s'usent peu ; ils doivent donc être très bien faits et l'équipage très léger (voir aussi 2°).

Dans les appareils dans lesquels le couple actif ou antagoniste est donné par le champ créé par des aimants permanents, ceux-ci doivent conserver longtemps leur magnétisme. On choisira donc, pour la fabrication des aimants, un acier à grande force coercitive, parce que la stabilité d'aimantation d'un acier est d'autant plus grande — toutes choses égales — que la force coercitive est plus grande. Les aciers les plus employés sont les aciers au tungsten.

Les aciers au chrome semblent aussi très bons.

L'acier choisi doit être trempé à une température appropriée (800 à 850°) et uniformément dans toute la masse ; on préfère pour cela plusieurs aimants minces à la place d'un aimant unique ([1]).

---

[1] Après qu'un acier a été trempé, ses propriétés subissent pendant quelque temps des variations lentes, qu'on appelle le *revenu après la trempe*. Pour les éviter il suffit de provoquer une variation rapide de $\frac{1}{10}$ de la valeur de l'aimantation, par un chauf-

La conservation de l'aimantation dépend aussi des dimensions relatives de l'entrefer et de l'aimant : un entrefer large et court donne une faible force démagnétisante ([1]).

7° L'appareil doit être peu sensible aux vibrations et aux champs magnétiques extérieurs. — Les appareils thermiques sont insensibles aux champs constants, mais les champs variables peuvent influencer les appareils à shunt.

Les appareils « à cadre mobile » sont peu influencés par le champ magnétique terrestre (on trouve pourtant dans les indications une différence relative de 0,2 % suivant l'orientation de l'appareil) mais des champs plus intenses agissant sur le courant du cadre, peuvent fausser les résultats momentanément, et — ce qui est plus grave — leur action sur les aimants peut produire une variation permanente de leur aimantation.

Pour éviter ces actions, on renferme souvent les appareils de tableau dans des boîtiers en fonte.

On devrait aussi éviter de placer les appareils dans le voisinage des machines, des grandes masses de fer ou des forts courants ([2]) (fasc. 20, p. 3).

Les appareils à induction sont insensibles aux champs constants et peu sensibles aux faibles champs variables.

Les appareils à fer doux et les électrodynamomètres sont très sensibles aux champs extérieurs. Les premiers sont employés surtout

---

fage pendant 100 à 200 heures à une température de 55°. Cette opération rend aussi l'aimant peu sensible aux autres causes de variation de l'aimantation (chocs, champs extérieurs, etc.).

([1]) Si on appelle L et S la longueur et la section de l'entrefer, l et s les mêmes éléments pour l'aimant, on a dans les bons appareils courants : $\dfrac{lS}{Ls} > 100$ (HEINRICH : *Haudbuch der Electrotechnique*).

([2]) Un conducteur rectiligne indéfini traversé par un courant de 1 000 ampères produit à une distance de 1 mètre un champ de 2 gauss. Ce champ est inversement proportionnel à la distance du point à l'axe du conducteur. — M. Durand (opuscule cité) a constaté que, même pour un appareil cuirassé, un courant de 1 000 ampères, passant à environ 15 centimètres du cadre mobile, pouvait produire une erreur de 1 %, pour 0,8 du maximum de la graduation, et que cette erreur persistait quelque temps après qu'on a éloigné l'appareil.

comme appareils de tableaux, leur précision est en général faible et, pour diminuer les influences magnétiques, on les renferme quelquefois dans des boîtiers en fonte, ou on les écarte suffisamment des courants ou des machines [1].

Les électrodynamomètres sont surtout des appareils de laboratoire, on ne les emploie qu'en courants alternatifs, et pour annuler les effets des champs extérieurs il suffit de prendre les précautions indiquées (p. 3, fasc. 20).

Si on les emploie en courant continu il suffit de faire — pour chaque valeur du courant — deux lectures en inversant le courant, et prendre la moyenne [2].

8° L'appareil doit consommer une faible puissance. Son introduction dans le circuit ne doit produire aucun dérangement sensible. — Pour cela les bobines des ampèremètres sans shunt, les shunts des ampèremètres à shunts, les gros fils des wattmètres et des compteurs, doivent avoir une résistance faible [3], pour que la différence de potentiel aux bornes de ces appareils soit faible. (Cette chute de tension est de 0,03 à 0,15 volt pour les ampèremètres à cadre mobile ; 0,1 à 0,5 volt pour les ampèremètres thermiques, et à peu près du même ordre pour les autres ampèremètres à courants alternatifs et pour les gros fils des wattmètres).

Au contraire les bobines des voltmètres et les fils fins des wattmètres et des compteurs, doivent être très résistants et parcourus par de faibles courants. (Les bobines des voltmètres à cadre mobile prennent normalement un courant maximum de 0,001 à 0,05 d'ampère ; les fils des voltmètres thermiques de 0,1 à 0,3 ampère ; les autres voltmètres à courant alternatif (excepté les électromètres), un courant du même ordre ;

---

[1] D'après Hartmann et Braun il suffirait d'écarter l'appareil à 50 centimètres des conducteurs parcourus par des courants de 1000 ampères pour avoir une erreur inférieure à 1 %.

[2] Le champ magnétique terrestre peut donner une erreur de 2 % suivant la position de la bobine mobile (pour les 0,8 de l'indication maxima).

[3] Pour les appareils à courants alternatifs la résistance et l'impédance doivent être faibles.

les fils fins des wattmètres et des compteurs, un courant de l'ordre de quelques centièmes d'ampère.)

9° *Les appareils de tableaux doivent être visibles à distance.* — Pour cela ils ont souvent de grandes dimensions (le diamètre des appareils ronds dépasse quelquefois 50 centimètres).

Les constructeurs font aussi des appareils dont les cadrans sont éclai-

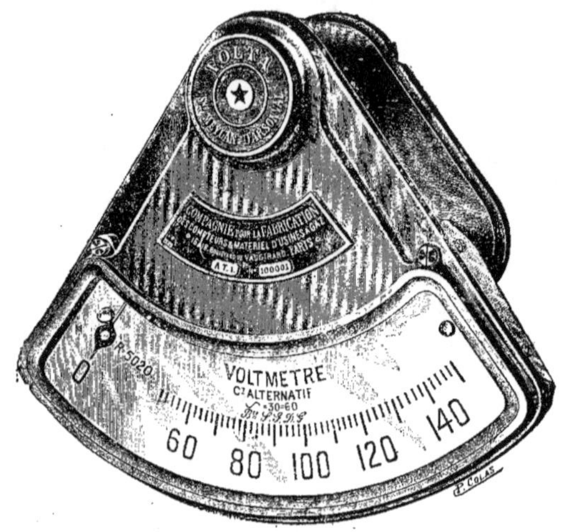

Fig. 2.

rés par transparence. La figure 2 représente un appareil éclairé par des lampes à incandescence.

10° *Les appareils pour courants alternatifs* (¹) *doivent donner des indications indépendantes de la fréquence et de la forme de la courbe du courant.* — Les *électromètres, électrodynamomètres* et les *appareils*

(¹) Dans la construction des appareils à courants alternatifs on évite l'emploi de grosses masses métalliques, dans lesquelles se produiraient des courants de Foucault, qui pourraient fausser les indications. — Dans les appareils de laboratoire les boîtiers et les supports sont souvent en bois ou ébonite.

thermiques satisfont à cette condition. Les indications des appareils à fer doux et des appareils à induction dépendent de la fréquence et de la forme des courants : on les construit habituellement pour une fréquence déterminée. Comme ce sont surtout des appareils de tableau auxquels on demande une précision moyenne, de petites variations de la fréquence ont une influence pratiquement négligeable ; il en est de même si la courbe du courant s'écarte peu de la sinusoïde ou de la forme du courant avec lequel l'appareil a été étalonné.

11° *Le prix de l'appareil a aussi une grande importance.* — Pour les appareils de précision on fera plus attention aux qualités indiquées, tandis que, pour les appareils de tableau, on s'occupera beaucoup du prix et de la robustesse de l'appareil. Le choix dépendra aussi de l'importance que pourra avoir l'exactitude des indications au point de vue pécuniaire. Ainsi, par exemple, un *ampèremètre de tableau*, qui doit indiquer surtout si le courant ne dépasse pas certaine limite, doit être moins exact qu'un *compteur* qui indique l'énergie consommée.

2. Conditions que doivent remplir les bobines. — I. *Bobines pour appareils à courant continu.* — Tout appareil de mesure contient une ou plusieurs bobines, fixes ou mobiles. Dans le calcul d'une bobine on doit tenir compte du nombre d'ampèretours A_t nécessaires au fonctionnement de l'appareil, des dimensions de celui-ci, de l'échauffement de la bobine et de son poids (P) [1]. L'échauffement dépend de la puissance (w) perdue par effet Joule dans le fil [2], de la surface de refroidissement et des conditions de ventilation [3].

---

[1] Si la bobine est mobile on a vu qu'elle doit être légère ; si elle est fixe le poids intervient par son influence sur le prix.

[2] Et par courants de Foucault dans la bague métallique sur laquelle on enroule souvent le fil.

[3] Une bobine contenant une faible épaisseur de fil et ayant une surface de refroidissement de 100 cm² par watt dépensé, s'échauffe de 2 à 3° environ au bout d'une heure de passage du courant.

Si le courant i qui traverse la bobine est donné (exemple : bobines d'ampèremètres sans shunt), la formule :

$$(1) \qquad A_t = ni$$

détermine le nombre de spires n ; la formule :

$$(2) \qquad w = gi^2$$

indique que g doit être aussi petit que possible, et détermine la résistance g de la bobine si on se donne w. Or :

$$(3) \qquad g = n\rho\,\frac{l}{s}$$

ρ étant la résistivité du métal employé, l la longueur moyenne d'une spire, s la section du métal du fil [1] ; d'autre part le poids P est donné par :

$$P = nls\delta = n.l.\delta.\,\frac{\rho nl}{g} = \frac{\rho.\delta.n^2.l^2}{g}$$

ou

$$(4) \qquad P = \rho\delta.l^2.\,\frac{n^2 i^2}{w} = \rho\delta.l^2.\,\frac{A_t^2}{w}.$$

La formule (4) indique, que le poids sera d'autant plus faible, que le produit $(\rho\delta)$ de la résistivité par la densité du métal sera plus faible. Les métaux ou alliages pour lesquels ce produit est plus petit sont : *l'aluminium* ($\rho\delta = 6,9$ environ) et le *cuivre* ($\rho\delta = 14,2$ environ). On choisira donc un de ces métaux,

La résistivité ρ étant ainsi donnée, et l imposé souvent par les dimensions de l'appareil, les formules (1) (2) et (3) détermineront s.

Le deuxième cas intéressant à considérer, est celui, où l'on se donne la différence de potentiel (U) aux bornes de la bobine, ou du circuit qui la contient (voltmètres, équipage mobile des wattmètres et des compteurs etc.,)

On a, dans ce cas :

$$(5) \qquad A_t = ni = n.\frac{U}{R}$$

R étant la résistance totale du circuit contenant la bobine.

---

[1] On néglige l'épaisseur et le poids de l'isolant.

Si on suppose, que ce circuit est formé de la bobine seule, on a : $R = n.r_1$, r_1 étant la résistance d'une spire, d'où :

$$(6) \qquad A_t = \frac{U}{r_1}$$

d'où la résistance par spire :

$$(7) \qquad r_1 = \frac{U}{A_t}.$$

D'autre part on a :

$$w = U i = \frac{U.A_t}{n}$$

d'où

$$(8) \qquad n = \frac{U.A_t}{w}$$

et

$$(4) \qquad P = (\rho\delta)\, l^2. \frac{A^2{}_t}{w} \text{ (voir page 10).}$$

La formule (4) montre que, pour que le poids soit faible, il faut que $(\rho\delta)$ soit petit ; il convient donc d'employer l'aluminium ou le cuivre ; la formule (8) détermine le nombre de spires, et (7) la résistance par spire. Comme $r_1 = \rho \frac{l}{s}$ et que ρ et l sont donnés, on en déduit la section du fil.

Dans la pratique la bobine est toujours en série avec une résistance. En effet, l'indication d'un appareil dépend du nombre d'ampéretours dans ses bobines ; pour que l'appareil donne la même indication, pour la même différence de potentiel aux bornes du circuit, il faut que cette différence de potentiel produise toujours dans la bobine, sur laquelle elle agit, le même nombre d'ampèretours ; or, le fil des bobines étant en cuivre ou aluminium, il a un coefficient de température α de l'ordre de $0,4\ {}^0/_0$. Donc si r_1 est la résistance d'une spire à la température τ d'étalonnage, sa résistance à une température $\tau + t$ sera $r_1(1 + \alpha\, t)$ et la formule (6) donne, pour cette température, dans le cas où la différence de potentiel est directement aux bornes de la bobine :

$$(9) \qquad A_t = \frac{U}{r_1 (1 + \alpha t)} \backsim \frac{U}{r_1} (1 - \alpha t) \, {}^{(1)}$$

ce qui indique que, *si la température du fil augmente A_t diminue et l'appareil retarde* (de $0,4\ ^0/_0$ par degré si le fil est en cuivre).

Il est difficile de tenir compte de ce retard, surtout qu'on ne connaît pas exactement la température de la bobine. Il vaut donc mieux le réduire le plus possible.

Nous indiquerons deux solutions adoptées pratiquement :

La première consiste à former la bobine en fil de cuivre, et à mettre en série un fil à coefficient de température négligeable (on emploie surtout la manganine ou le constantan), et de résistance assez grande, pour réduire suffisamment le coefficient de température de l'ensemble.

Si β est le coefficient adopté on a :

$$R (1 + \beta t) = (g + g') (1 + \beta t) = g' + g (1 + \alpha t) = g' + g + g\alpha t = R + g\alpha t \, {}^{(2)}$$

en appelant g la résistance de la bobine, g' la *résistance additionnelle* et $R = g + g'$ la résistance totale du circuit.

On en déduit :

$$(10) \qquad g = \frac{\beta}{\alpha} . R.$$

En tenant compte de (5) on obtient :

$$g = \frac{\beta}{\alpha} \cdot \frac{nU}{A_t}$$

et comme $g = nr_1$

$$(11) \qquad r_1 = \frac{\beta}{\alpha} \cdot \frac{U}{A_t}$$

---

(1) Le symbole $\backsim$ signifie : à peu près égal.

(2) Pour les circuits à faible résistance totale on devrait tenir compte aussi de la résistance des ressorts d'amener du courant; on aura dans ce cas

$$R (1 + \beta t) = g' + g (1 + \alpha t) + r (1 + \alpha' t)$$

r étant la résistance des ressorts et α' leur coefficient de température.

D'autre part ([1]) :

$$(11')\qquad w = gi^2 = \frac{\beta}{\alpha}\,\mathrm{R}i^2 = \frac{\beta}{\alpha}\,\mathrm{U}.i = \frac{\beta}{\alpha}\,\frac{\mathrm{U}.\mathrm{A}_t}{n}$$

d'ou l'on déduit

$$(12)\qquad n = \frac{\beta}{\alpha}\cdot\frac{\mathrm{U}.\mathrm{A}_t}{w}.$$

Le poids de la bobine est donné par la formule (4). Le courant dans le fil est donné par :

$$(13)\qquad i = \frac{\alpha}{\beta}\cdot\frac{w}{\mathrm{U}}\ (\text{voir } 11')$$

et la résistance totale par

$$(14)\qquad \mathrm{R} = \frac{\mathrm{U}}{i} = \frac{\beta}{\alpha}\cdot\frac{\mathrm{U}^2}{w}$$

D'après ces formules on voit que, pour A_t, U et w données, le poids de la bobine est indépendant du coefficient de température β. On est pourtant limité dans la petitesse de β, parce que R diminue en même temps que β, et i augmente. Or, nous avons vu que la résistance R doit être grande (p. 7), et, d'autre part, si la bobine est mobile le courant qui la traverse doit être faible, autrement les ressorts d'amener du courant auraient une section trop grande.

Exemple numérique. — Soit à calculer la bobine d'un voltmètre de U = 2 volts, avec un coefficient de température : $\beta = 0,1\ \%$. Soit $\mathrm{A}_t = 1,5$ ampèretours et $w = 0,005$ watt. On aura $r_1 = 0,33$ ohm ; $n = 150$ spires ; P = 0,41 grammes, avec cadre en cuivre (le poids de l'équipage sera en réalité plus grand parce qu'il contient d'autres pièces). La section du fil sera de : 0,0038 $\overline{\mathrm{mm}}^2$ et son diamètre de $\frac{7}{100}$ mm. La résistance du cadre sera de $g = 150.\frac{1}{3} = 50$ ohms, la résistance totale R = 200 ohms (100 ohms par volt) et le courant i dans le cadre de 0,01 ampère.

([1]) w est la puissance dépensée dans la bobine ; la puissance dépensée dans la résistance n'intéresse pas beaucoup, parce qu'on peut en général donner à celle-ci une forme et des dimensions suffisantes, pour que son échauffement soit suffisamment faible.

Si on emploie la même bobine pour des voltages plus élevés, on ajoute en série des résistances sans coefficient de température et le coefficient global de température diminue, d'autant plus que le voltage est plus élevé. (On voit de la formule (11) que si r_1 est constant, β varie inversement proportionnellement à U).

Un autre moyen employé pour diminuer — et même presque annuler — le coefficient de température consiste, à mettre le cadre, en parallèle, avec une résistance à coefficient de température plus élevé que le sien, et, en série, avec une résistance indépendante de la température; ou encore mieux, on met le cadre, de résistance g, en série avec une résistance g', à coefficient de température nul, le tout en parallèle avec une résistance r', de même métal que le cadre (et placé dans son voisinage pour

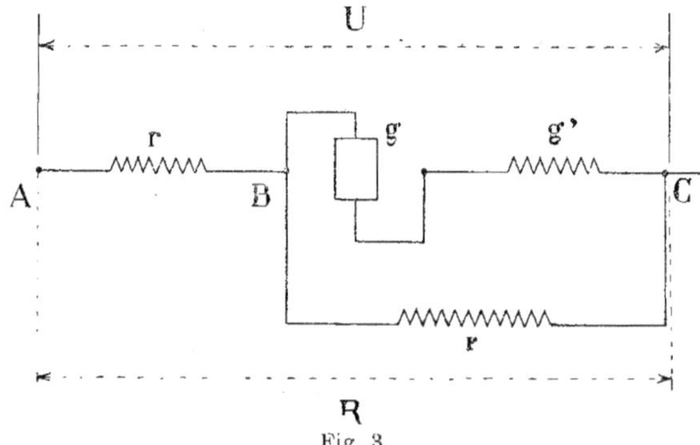

Fig. 3.

avoir la même température), et l'ensemble en série avec une résistance r sans coefficient de température (fig. 3).

Nous allons étudier ce moyen.

Pour que l'indication de l'appareil soit indépendante de la température, il faut que le courant i, qui traverse le cadre, le soit.

Or g, g', r, r', étant les valeurs des résistances à la température d'étalonnage, on a

$$i = \frac{U}{r + \dfrac{(g + g')r'}{g + g' + r'}} \cdot \frac{r'}{g + g' + r'}$$

ou :

$$i = \frac{\mathrm{U}.r'}{r\,(g + g' + r') + (g + g')\,r'}.$$

A une température différant de la précédente de $t°$, on aura

$$i' = \frac{\mathrm{U}r'(1 + \alpha t)}{[g' + (r' + g)\,(1 + \alpha t)]\,r + [g' + g\,(1 + \alpha t)]\,r'\,(1 + \alpha t)}$$

De la condition $i = i'$ on déduit :

$$g'r = gr'\,(1 + \alpha t)$$

et, avec une erreur relative αt :

$$(15) \qquad\qquad g'r = gr'.$$

C'est la relation, qui doit exister entre les quatre résistances, pour que l'appareil donne des indications indépendantes de la température.

Ici encore, si on veut avoir A_t, w et P faibles, on arrive à une faible valeur de R.

Remarque. — Nous avons supposé que la différence de potentiel U agissait sur une seule bobine. Le cas, où le même courant passe dans deux bobines en série, (exemple : électrodynamomètre-voltmètre) se traite d'une façon peu différente.

Un troisième cas intéressant est celui des appareils à *shunts* (p. 62). Dans ce cas le courant i qui traverse la bobine n'est qu'une fraction du courant donné I.

On a (fasc. 20, p. 78)

$$i = \frac{s}{s + } \cdot \mathrm{I},$$

s étant la résistance du shunt, g la résistance de la bobine.

Pour le calcul de la bobine on peut passer par l'intermédiaire de la différence de potentiel aux bornes du shunt. On a

$$(16) \qquad\qquad \mathrm{U} = \frac{sg}{s + g}\,\mathrm{I}$$

et

$$(17) \qquad i = \frac{U}{g}.$$

Si la résistance combinée $\frac{sg}{s+g}$ du circuit de la bobine et de son shunt était constante et connue, la formule (16) déterminerait U, et la formule (17) ramènerait le calcul de la bobine au cas précédent.

En réalité $\frac{sg}{s+g}$ dépend de la température. Pour que l'indication de l'appareil n'en dépende pas, il faut que pour une valeur de 1 donnée, on trouve, quelle que soit la température, la même valeur pour i, et pour cela il suffit, que $\frac{s}{s+g}$ soit indépendant de la température.

Pour cela il faut, ou que s et g soient indépendants de la température, ou que *leurs coefficients de température soient égaux, et leur température la même.*

Le shunt et la bobine étant en général éloignés l'un de l'autre, et leurs échauffements par le courant n'étant pas les mêmes, ils se trouveront à des températures différentes ; la dernière solution ne peut donc pas être adoptée ([1]).

Dans la pratique on emploie des shunts à coefficient de température négligeable (habituellement en manganin) et on réduit le coefficient de température de la bobine au minimum, par l'un des moyens indiqués plus haut (p. 12 et 14).

Dans le cas (p. 14) il est à remarquer, que la résistance g de l'ensemble du circuit diminue un peu, lorsque la température augmente, donc U (formule 16) diminue, et de ce chef l'appareil retarde, mais ce retard est excessivement faible.

([1]) Pourtant, si on formait le shunt en métal à coefficient de température faible (par exemple en maillechort, ou en fils de cuivre en parallèle avec des fils de manganin et en proportion telle qu'on ait un coefficient global voulu) et si on donnait au circuit du cadre g le même coefficient, en lui adjoignant en série une résistance en manganin bien proportionnée (p. 12) ; si, d'autre part, on calculait le shunt, de façon qu'il ne soit pas trop chauffé par le courant, on arriverait à une meilleure compensation, que par la méthode adoptée couramment et que nous indiquons dans le texte. Une méthode analogue à celle préconisée dans cette note est employée par S. et H. dans les ampèremètres électrodynamométriques.

II. *Bobines pour appareils à courants alternatifs.* — Dans le calcul des bobines pour appareils à courants alternatifs on doit se préoccuper, de ce que nous avons dit pour les appareils à courant continu, et en plus, de la self-induction de chaque bobine, et de l'induction mutuelle entre elles, s'il y en a plusieurs.

On a à considérer les mêmes trois cas qu'avant.

Si le courant i qui traverse la bobine est donné, la self-induction doit être *assez faible*, pour que l'introduction de l'appareil dans un circuit n'influe pas sensiblement sur celui-ci (p. 7).

Dans le cas où la différence de potentiel aux bornes du circuit de la bobine est donnée, le courant i dépend de la self-induction de ce circuit. Si on suppose le courant sinusoïdal, on a :

$$i = \frac{U}{\sqrt{g^2 + l^2\omega^2}}$$

(i et U étant les valeurs efficaces du courant et de la différence de potentiel, g la résistance et l le coefficient de self-induction du circuit de la bobine.)

On peut encore écrire :

$$(18) \qquad i = \frac{U}{g} \cdot \frac{1}{\sqrt{1 + \left(\frac{l\omega}{g}\right)^2}}$$

ou encore

$$(18') \qquad i \simeq \frac{U}{g}\left(1 - \frac{1}{2}\frac{l^2\omega^2}{g^2}\right),$$

si $\dfrac{l\omega}{g}$ est faible par rapport à l'unité. En courant continu on aurait

$$i = \frac{U}{g}.$$

On voit qu'en courant alternatif le courant est plus faible, et que la diminution croît avec la fréquence.

Pour que i soit indépendant de la fréquence il faut que $\left(\dfrac{l\omega}{g}\right)$ soit négligeable devant l'unité. Pour arriver à ce résultat, la résistance qu'on met en série avec la bobine, pour réduire le coefficient de température, est enroulée de façon que son coefficient de self-induction soit négligeable (fascicule 20, p. 90).

Dans le cas des appareils à shunts, si s et λ sont la résistance et le coefficient de self-induction du shunt, g et l les mêmes éléments pour le circuit de la bobine, et si i est la valeur efficace du courant dans la bo-

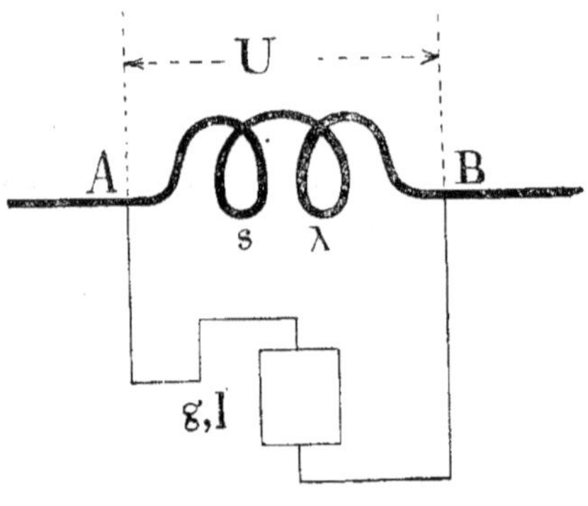

Fig. 4.

bine, i' dans le shunt, I le courant total et U la différence de potentiel efficace aux bornes du shunt, on a :

$$U = i \sqrt{g^2 + l^2\omega^2} = i' \sqrt{s^2 + \lambda^2\omega^2}$$

et

$$I^2 = i^2 + i'^2 + 2ii' \cos (\varphi' - \varphi)$$

avec

$$\tan g\, \varphi = \frac{l\omega}{g} \quad \text{et} \quad \tan g\, \varphi' = \frac{\lambda\omega}{s}$$

d'où l'on déduit :

$$I = i\sqrt{\frac{(s + g)^2 + (l + \lambda)^2\omega^2}{s^2 + \lambda^2\omega^2}}$$

Pour que le courant i soit indépendant de la fréquence, il faut que $\dfrac{(s + g)^2 + (l + \lambda)^2\omega^2}{s^2 + \lambda^2\omega^2}$ le soit et, pour cela, il faut et il suffit que $\dfrac{g}{s} = \dfrac{l}{\lambda}$ ou encore $\dfrac{l}{g} = \dfrac{\lambda}{s}$, *c'est-à-dire, que la bobine et son shunt aient la même constante de temps.* Dans ce cas

$$i = \frac{s}{s+g} \cdot I,$$

comme en courant continu.

En particulier on pourra s'arranger pour que les deux coefficients de self-induction soient négligeables.

On n'a pas tenu compte du coefficient d'induction mutuelle entre la bobine et le shunt parce que ce coefficient est en général négligeable et que — si on voulait en tenir compte — le calcul serait trop compliqué.

Le résultat précédent s'applique aussi au cas, où le shunt constitue une deuxième bobine de l'appareil (ex. électrodynamomètre en dérivation).

3. Amortissement. — *Procédés d'amortissement employés dans les appareils industriels.*

1° *Amortissement par courants de Foucault.* — L'amortissement par

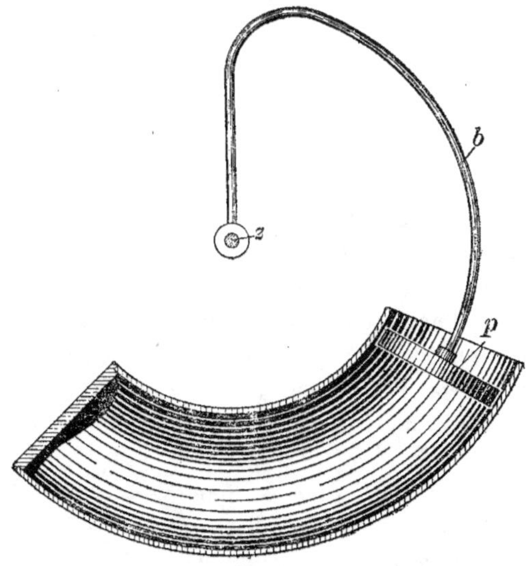

Fig. 5.

courants de Foucault est le plus répandu dans les appareils industriels.

Ces courants sont, en général, produits par des aimants fixes agissant, sur une bague en cuivre ou aluminium, autour de laquelle est enroulé le fil de la bobine mobile (exemple dans les appareils du système Deprez d'Arsonval), ou sur un disque en aluminium ou cuivre faisant partie de l'équipage mobile (exemple dans les appareils thermiques et d'induction et dans la plupart des compteurs).

2° *Amortissement par l'air.* — L'amortissement par l'air est obtenu, dans certains appareils, par le déplacement d'un piston très léger, lié à

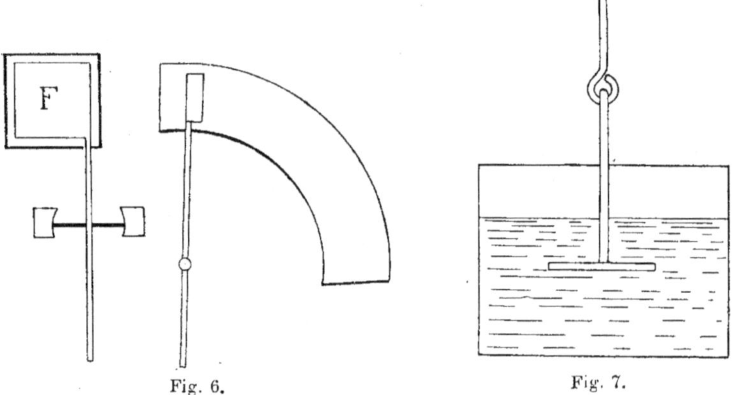

Fig. 6.   Fig. 7.

l'équipage mobile, à l'intérieur d'un tube fermé à l'une des extrémités.

Le piston se déplace sans frottement, mais ne laisse qu'un petit espace pour le passage de l'air (appareil Siemens et Halske) (fig. 5).

Dans un très grand nombre d'appareils, un volet métallique, de forme appropriée, solidaire de l'équipage mobile, se déplace avec un jeu très faible, à l'intérieur d'une boîte fermée (fig. 6) (Compagnie pour la fabrication des compteurs, Chauvin et Arnoux, Weston, Hartmann et Braun, etc., etc.).

3° *Amortissement par un liquide.* — Employé par Lord Kelvin dans son électromètre multicellulaire. Un disque en cuivre, lié à l'équipage mobile, plonge dans un liquide visqueux approprié.

Dans ce système (fig. 7) les phénomènes capillaires, au contact de la surface du liquide avec la tige de liaison, introduisent des irrégularités dans les indications de l'appareil. On les évite en partie, en rendant non rigide la liaison entre l'équipage mobile et le disque amortisseur (fig. 7).

4° *Amortissement par frottements intermittents.* — Employé par Lord Kelvin dans certains électromètres. On exerce un frottement sur

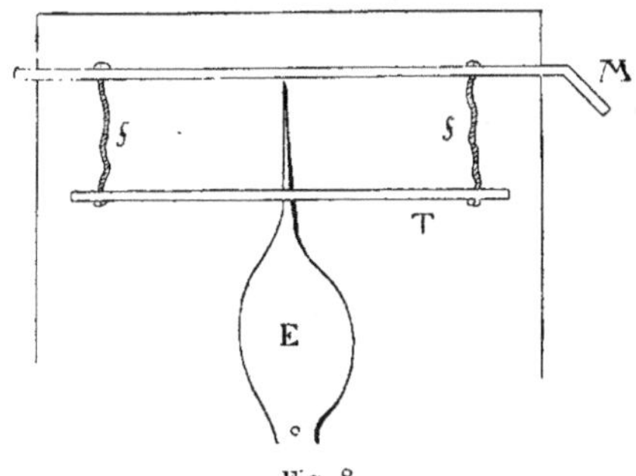

Fig. 8.

l'équipage mobile E en le touchant, d'une façon intermittente, et au moment voulu, à l'aide d'une tige T (fig. 8), mise en mouvement par la manette M et les fils *ff*.

CHAPITRE II

Complément à l'étude des systèmes oscillants

Nous avons étudié dans le chapitre III, fascicule 20, le mouvement d'un équipage mobile soumis à l'action d'un *couple antagoniste*, proportionnel à la déviation, et d'un *couple d'amortissement*, proportionnel à la vitesse angulaire.

Nous avons étudié aussi le cas où, en dehors des couples précédents, il existe aussi un *couple actif* constant.

Nous avons vu, que le mouvement est le même dans les deux cas, seulement, dans le premier, il se fait autour du zéro de l'appareil, et, dans le second, autour de la position, pour laquelle le couple actif est égal au couple antagoniste.

Nous allons continuer cette étude pour quelques formes intéressantes du couple actif.

Nous avons toujours à résoudre une équation différentielle de second ordre, linéaire, à coefficients constants et avec second membre :

$$(19) \qquad K \frac{d^2\alpha}{dt^2} + A \frac{d\alpha}{dt} + C\alpha = \Phi(t) \quad (\text{éq. 15, p. 31, fasc. 20}).$$

Divisons par K et posons :

$$\frac{A}{K} = 2a, \qquad \frac{C}{K} = \frac{4\pi^2}{T^2_0} = b^2_0, \qquad \Phi(t) = Cf(t)$$

d'où :

$$\frac{1}{K} \cdot \Phi(t) = \frac{C}{K} \cdot f(t) = b^2_0 f(t),$$

l'équation (19) devient

$$(19') \qquad \frac{d^2\alpha}{dt^2} + 2\,a\,\frac{d\alpha}{dt} + b^2{}_0\alpha = b^2{}_0 f(t)$$

On sait, que la *solution générale* de cette équation prend l'une des quatre formes :

$$\text{M. sin }(bt + \varphi) + \alpha_1$$

ou

$$(20) \qquad \alpha = \begin{cases} \text{M.}e^{-at}.\sin(bt + \varphi) \\ \text{ou :} \\ (\text{M}t + \text{N}).e^{-at} \\ \text{ou :} \\ (\text{M}e^{b't} + \text{N}e^{-b't}).e^{-at} \end{cases} + \alpha_1,$$

α_1 étant une solution particulière de l'équation donnée. On a la première forme dans le cas du mouvement non amorti, peu important dans la pratique. Dans les autres cas, au bout d'un temps suffisamment long, le premier terme disparaît et on a $\alpha = \alpha_1$. Le temps pendant lequel le premier terme a une valeur appréciable, constitue le *régime variable* ; lorsque $\alpha = a_1$ on est en *régime permanent*.

Nous allons chercher la valeur de α_1 pour quelques formes particulières du couple actif.

4. Couple actif sinusoïdal. — Dans ce cas on a :

$$(21) \qquad f(t) = f_1.\sin(b_1 t + \psi_1)$$

et on sait que la solution particulière α_1 de $(19')$ est de la forme :

$$\alpha_1 = \text{F}_1 \sin(b_1 t + \psi_1 - \varphi_1).$$

Pour avoir F_1 et φ_1, on dérive deux fois α_1, on remplace dans $(19')$, on identifie, et on obtient :

$$\text{F}_1 = \frac{b^2{}_0 f_1}{\sqrt{(b^2{}_0 - b^2{}_1)^2 + 4\,a^2 b^2{}_1}}$$

et

$$(23) \qquad \text{tang } \varphi_1 = \frac{2\,ab_1}{b^2{}_0 - b^2{}_1}$$

en posant :

$$b_1 = \frac{2\pi}{T_1}$$

(T_1 est la période du couple actif).

Remarquons que, si on soumet l'équipage mobile à un couple constant égal au maximum $b^2{}_0 f_1$ du couple considéré, il prendra une déviation permanente : $\alpha_0 = f_1$ (fasc. 20, p. 47). On peut donc écrire :

$$(22) \qquad \mathrm{F}_1 = \frac{b^2{}_0}{\sqrt{(b^2{}_0 - b^2{}_1)^2 + 4\,a^2 b^2{}_1}} \cdot \alpha_0.$$

De (21) et (22) il résulte que :

Un équipage mobile amorti, soumis à un couple actif sinusoïdal, prend toujours un mouvement sinusoïdal. L'amplitude de ce mouvement est égale à la déviation permanente (α_0) que prendrait le même équipage, s'il était soumis à un couple constant égal au maximum du couple donné, multipliée par une constante, qui dépend de la période propre de l'équipage et de celle du couple, et de l'amortissement. Ce mouvement n'est pas toujours en phase avec le couple : le décalage dépend des mêmes constantes que l'amplitude.

Avant de discuter ces formules nous allons faire la remarque suivante : Pour des motifs de rapidité dans les mesures (page 1) et de sensibilité, l'amortissement des appareils est égal ou un peu inférieur à l'amortissement critique.

On a donc : $o < a^2 \leqslant b^2{}_0$ (fasc. 20, chap. III), et les formules (22) et (23) donnent :

$$(22') \qquad \frac{b^2{}_0 \alpha_0}{(b^2{}_0 + b^2{}_1)} \leqslant \mathrm{F}_1 < \frac{b^2{}_0 \alpha_0}{(b^2{}_0 - b^2{}_1)}$$

et

$$(23') \qquad o < \tan g\,\varphi_1 \leqslant \left| \frac{2\,b_0 b_1}{b^2{}_0 - b^2{}_1} \right|$$

Trois cas sont intéressants à considérer :

1° La période T_1 du couple est *très faible* par rapport à la période propre T_0 de l'équipage mobile ; dans ce cas $\dfrac{b_0}{b_1} = \dfrac{T_1}{T_0}$ est très faible. On peut donc négliger b_0^2 devant b_1^2 et les formules (22′) et (23′) deviennent :

$$(22'') \qquad\qquad F_1 = \left(\frac{b_0}{b_1}\right)^2 \alpha_0 = \left(\frac{T_1}{T_0}\right)^2 \alpha_0$$

et

$$(23'') \qquad\qquad \tang \varphi_1 = \frac{2\,b_0}{b_1} \simeq o.$$

La déviation α, dans le cas considéré, sera donc donnée par la formule :

$$(25) \qquad\qquad \alpha = \alpha_1 = \left(\frac{T_1}{T_0}\right)^2 . \alpha_0 . \sin(b_1 t + \psi_1).$$

De la comparaison de (21) et (25) il résulte que :

Si la période du couple est très faible par rapport à celle de l'équipage, le mouvement de celui-ci est en phase avec le couple, et son amplitude est égale à la déviation α_0 réduite dans le rapport $\left(\dfrac{T_1}{T_0}\right)^2$.

Or $\dfrac{T_1}{T_0}$ étant, par hypothèse, très faible : $\left(\dfrac{T_1}{T_0}\right)^2 \alpha_0$ le sera aussi, et α sera pratiquement nul.

Donc, pratiquement on peut considérer, que l'équipage mobile ne bouge pas.

Exemple. — Le cadre mobile d'un galvanomètre, parcouru par un courant alternatif sinusoïdal, est soumis à un couple actif sinusoïdal. Si la période du cadre est de 2 secondes et celle du courant $^1/_{50}$ de seconde, on aura $\left(\dfrac{T_1}{T_0}\right)^2 = \dfrac{1}{10000}$. Le maximum de la déviation sera donc égal au $^1/_{10000}$, de la déviation que donnerait un courant continu, égal au maximum du courant considéré, ou à $\sqrt{2}$ fois sa valeur efficace. Si l'appareil précédent donne 10 divisions par microampère en courant continu, il aura avec un courant alternatif, un mouvement sinusoïdal, dont le maximum sera de 10 divisions pour environ 7 000 microampères efficaces. On aura donc un appareil très peu sensible.

2° La période T_1, du couple actif, est très grande, par rapport à la période propre T_0, de l'équipage mobile. Dans ce cas, $\dfrac{b_1}{b_0} = \dfrac{T_0}{T_1}$ est très petit, b^2_1 est négligeable devant b^2_0 et les formules (22') et (23') donnent :

$$(22''') \qquad\qquad F_1 = \alpha_0$$

et

$$(23''') \qquad\qquad \tan g \, \varphi_1 = \frac{2\,b_0}{b_1} \simeq 0,$$

La déviation a donc pour valeur, en régime permanent :

$$(27) \qquad\qquad \alpha = \alpha_0 \sin (b_1 t + \psi_1)$$

Donc : *Si la période du couple est très grande, par rapport à celle de l'équipage, le mouvement de celui-ci sera en phase avec le couple, et son amplitude égale à α_0.*

C'est le point de départ de la théorie des oscillographes.

$3°$ La période de l'équipage mobile est égale à celle du couple actif : $T_1 = T_0$, donc $b_1 = b_0$ et les formules (22) et (23) deviennent :

$$(22^{iv}) \qquad\qquad F_1 = \frac{b^2_0}{2\,a} \cdot \alpha_0$$

et

$$\tan g \, \varphi_1 = \infty$$

d'où :

$$(23^{iv}) \qquad\qquad \varphi_1 = \frac{\pi}{2}.$$

Si l'amortissement était nul, F_1 serait infini, et l'équipage considéré constituerait un *résonateur* parfait. Mais F_1 diminue, lorsque l'amortissement augmente.

5. Couple actif périodique. — On sait, que toute fonction périodique peut être développée en série de Fourier ; on aura donc, dans ce cas,

$$f(t) = f_0 + \sum_{1}^{\infty} f_n \sin (n b_1 t + \psi_n),$$

et la solution particulière de l'équation (19) sera :

$$(28) \qquad \alpha_1 = \alpha_0 + \sum_1^\infty F_n \sin (nb_1 t + \psi_n - \varphi_n)$$

avec :

$$F_n = \frac{b^2{}_0 \cdot f_n}{\sqrt{(b^2{}_0 - n^2 b^2{}_1)^2 + 4 n^2 a^2 b^2{}_1}}$$

$$\tan g\, \varphi_n = \frac{2 \, nab_1}{b^2{}_0 - n^2 b^2{}_1}$$

et

$$\alpha_0 = f_0.$$

Ce que nous avons dit, dans le paragraphe précédent, s'applique ici à chacun des termes de la somme de la formule (28).

Si la période T_1 du *terme principal* du couple est très faible, par rapport à la période propre T_0 de l'équipage, il en sera de même *a fortiori* des périodes $\frac{T_1}{n}$ des *harmoniques*. Dans ce cas, d'après ce qu'on a vu, tous les F_n seront très petits et la déviation α_1 se réduit à α_0. Donc :

Un équipage mobile, soumis à un couple périodique, de période très courte par rapport à sa période propre, donne, pratiquement, une déviation égale à celle qu'il prendrait, s'il était soumis à un couple constant, égal au terme constant [1] *du couple donné. Si le couple*

---

[1] Remarquons que le terme constant d'une fonction périodique est égal à *la valeur moyenne de la fonction*.

On a en effet :

$$\text{Val. moy. de } f(t) = \frac{1}{T_1} \int_0^{T_1} f(t)dt = f_0 + \frac{1}{T_1} \int_0^{T_1} \sum_1^\infty f_n \sin (nb_1 t + \psi_1) dt$$

Or il est facile de voir que :

$$\int_0^{T_1} \sin (nb_1 t + \psi_1) dt = 0$$

On a donc :

$$\text{Val. moy. de } f(t) = f_0.$$

périodique n'a pas de terme constant (couple alternatif) l'équipage ne donne pas de déviation sensible.

Si au contraire, la période propre de l'équipage T_0 est très faible, par rapport à T_1 et à $\frac{T_1}{n}$, pour toutes les valeurs de n, auxquelles correspondent des termes, dont le f_n a une valeur sensible [ce sont les premiers termes de $f(t)$], on aura

$$\frac{nT_0}{T_1} = n \cdot \frac{b_1}{b_0}$$

très faibles, et, d'après ce qu'on a vu dans le paragraphe précédent :

$$F_n \simeq f_n \qquad \text{et} \qquad \text{tang } \varphi_n \simeq o,$$

D'où il résulte que :

$$\alpha_1 \simeq \left[f_0 + \sum_1^\infty f_n \sin (nb_1 t + \psi_n) \right]$$

ou

$$\alpha_1 \simeq f(t).$$

Donc : *Si l'équipage mobile a une période très courte par rapport aux périodes des harmoniques importantes du couple actif, il prendra un mouvement oscillatoire tel, que sa déviation sera, à chaque instant, proportionnelle à la valeur du couple actif* (¹).

C'est le principe des *oscillographes* (voir fasc. 22).

Exemple numérique : Si on considère un oscillographe dont la période de l'équipage mobile est de $^5/_{100000}$ de seconde, et qu'on le soumette à un couple alternatif, de période de $^1/_{50}$ de seconde ; on aura $\frac{T_0}{T_1} = \frac{2,5}{1\,000}$ et pour la 40e harmonique, $\frac{nT_0}{T_1} = n \frac{b_1}{b_0} = \frac{1}{10}$ et $\frac{(nb_1)^2}{b^2_0} = \frac{1}{100}$. On peut donc, même pour la 40e harmonique, négliger $(n_1 b_1)^2$ devant b^2_0.

(¹) Ne pas oublier que l'amortissement doit être suffisant pour que l'harmonique, pour laquelle on a $nT_1 = T_0$ ne soit pas trop amplifiée (formule 22,ᵢᵥ). On se tient toujours dans le voisinage de l'amortissement critique.

6. Le couple actif est le produit de deux fonctions alternatives de même période. — On a, dans ce cas :

$$f(t) = \left[\sum_1^\infty f_n \sin (nb_1 t + \psi_n) \right] \left[\sum_1^\infty f_n' \sin (nb_1 t + \psi_n') \right]$$

$$= \sum f_n f_n' \sin (nb_1 t + \psi_n) \sin (nb_1 t + \psi_n')$$

$$+ \sum f_p f_q \sin (pb_1 t + \psi_p) . \sin (qb_1 t + \psi_q')$$

la première somme contenant les produits, deux à deux, des harmoniques de même ordre, et la deuxième, les produits, deux à deux, des harmoniques d'ordres différents.

Or :

$$\sin (pb_1 t + \psi_p) . \sin (qb_1 t + \psi_q) = \frac{1}{2} \big\{ \cos [(q - p)b_1 t + \psi_q' - \psi_p]$$

$$- \cos [(q + p)b_1 t + \psi_q' + \psi_p] \big\}$$

et

$$\sin (nb_1 t + \psi_n) . \sin (nb_1 t + \psi_n') = \frac{1}{2} \Big[\cos (\psi_n' - \psi_n) - \cos (2 nb_1 t + \psi_n + \psi_n') \Big]$$

En tenant compte de ces relations, on a :

$$f(t) = \frac{1}{2} \sum f_n f_n' \cos (\psi_n' - \psi_n) + \sum \text{termes sinusoïdaux.}$$

On retombe donc dans le cas considéré au paragraphe précédent.

En particulier, si la période de l'équipage est très grande, par rapport à T_1, on a :

$$\alpha_1 = \alpha_0 = \frac{\sum f_n f_n' \cos (\psi_n' - \psi_n)}{2}$$

D'après la remarque faite page 27 note, $\frac{1}{2} \sum f_n f_n' \cos (\psi_n' - \psi_n)$ est la valeur moyenne du couple ; donc *la déviation est la même, que celle donnée par un couple constant, égal à la valeur moyenne du couple donné.*

C'est le principe du fonctionnement des wattmètres parcourus par un courant alternatif.

Si les deux facteurs de $f(t)$ sont égaux, le couple se réduit au carré d'une fonction périodique, et dans les mêmes conditions de période qu'avant, *la déviation sera la même, que celle donnée par un couple constant, égal à la valeur moyenne du carré (ou le carré de la valeur efficace* voir p. 32) *de la fonction considérée.*

C'est le principe du fonctionnement des électrodynamomètres, des électromètres montés en Joubert, des appareils thermiques employés avec un courant alternatif.

Remarque. — Dans ce qui précède nous avons étudié ce qui se passe, lorsque le régime permanent est atteint. Si la fonction $f(t)$ a une forme bien déterminée, comme nous l'avons supposé, le régime s'établit dans un temps très court. Mais, dès qu'une perturbation se produit, la forme de $f(t)$ change momentanément, et le régime variable intervient. C'est, pour faire disparaître rapidement les effets des perturbations qu'on règle, les appareils dans le voisinage de l'amortissement critique.

CHAPITRE III

Mesure de l'intensité des courants

————

7. Définitions et formules. — Soit S une portion de surface équi-potentielle, faisant partie d'un corps conducteur de forme et de dimensions quelconques, et dq la quantité d'électricité qui traverse S pendant un temps très court dt. Le quotient $\frac{dq}{dt}$ est, par définition, l'intensité du courant qui traverse la surface S.

Si le conducteur est filiforme, les surfaces équipotentielles sont des sections droites. Dans ce cas, si le régime constant est établi et si le conducteur se trouve dans un milieu parfaitement isolant, l'intensité du courant est la même à travers n'importe quelle section, c'est ce qu'on appelle *intensité du courant dans le conducteur*. En régime variable, ou si le milieu n'est pas parfaitement isolant, le courant varie d'une section à l'autre. Pour les courants industriels cette variation est faible, et on peut considérer, que le courant est — au même instant — le même dans toutes les sections du conducteur.

Les courants variables les plus intéressants sont les courants périodiques, et en particulier les courants alternatifs.

Avec ces courants, on aura à considérer :

1° L'*intensité instantanée*, qui est la valeur du courant à un moment donné.

2° L'*intensité moyenne* qu'on définit par :

$$(i_{\text{moy}})_1 = \frac{1}{T} \int_0^T i\, dt$$

ou par

$$(i_{\text{moy}})_2 = \frac{1}{T} \int_0^T |\,i\,|\, dt$$

T étant la période, i l'intensité instantanée, $|\,i\,|$ la valeur absolue de i.

On a $(i_{\text{moy}})_1 = (i_{\text{moy}})_2$ pour les courants ayant toujours le même signe. Pour les courants alternatifs $(i_{\text{moy}})_1 = 0$, et on appelle habituellement *intensité moyenne*, la quantité définie par $(i_{\text{moy}})_2$.

Pour les courants sinusoïdaux, on a :

$$(i_{\text{moy}})_2 = \frac{2}{\pi}\, I,$$

I étant la *valeur maximum* du courant i.

3° L'*intensité efficace* définie par la relation

$$i_{\text{eff}}^2 = \frac{1}{T} \int_0^T i^2 dt.$$

Dans le cas des courants sinusoïdaux on a $i_{\text{eff}} = \dfrac{I}{\sqrt{2}}$.

Les appareils qui servent en courant alternatif donnent en général i_{eff} (électrodynamomètres, électromètres, appareils thermiques), quelques-uns (appareils à fer doux) donnent des indications qui dépendent, dans certaines conditions, de $(i_{\text{moy}})_2$.

Unités. — L'unité pratique de courant, l'*ampère international*, a été définie, par le Congrès de Chicago (1893), comme 0,1 de l'unité E.M.C.G.S. et déclarée suffisamment bien représentée, pour les besoins de la pratique, par le courant constant qui, traversant une solution d'azotate d'argent dans l'eau, dans des conditions spécifiées, dépose l'argent à raison de 0,001 118 grammes par seconde.

MÉTHODES DE MESURES

L'intensité d'un courant est mesurée par les actions qu'il produit : électrolyse, échauffement des conducteurs, actions électromagnétiques, etc.

Chacune de ces actions a donné naissance à une méthode ou à un appareil de mesures.

8. Méthode électrolytique. — On sait que, si on fait passer un courant dans une *cuve électrolytique*, dans laquelle se trouve une solution d'un électrolyte approprié, il y a décomposition, et la quantité de substance qui arrive à l'une des électrodes, est proportionnelle à la quantité d'électricité q, qui a traversé l'électrolyte pendant le temps t de l'opération.

Si le courant est constant, on a : $i = \dfrac{q}{t}$.

Cette méthode permettra donc la mesure d'un courant continu.

Comme électrolyte on emploie le *nitrate d'argent* ou le *sulfate de cuivre* — et on pèse la quantité de métal déposé sur la cathode — ou l'*eau acidulée* à 10 ou 20 % de So^4H^2, et dans ce cas on mesure le volume d'hydrogène produit.

Le nitrate d'argent est employé surtout dans les mesures de grande précision et nous nous en occuperons à propos des unités.

La mesure du courant par l'électrolyse du sulfate de cuivre ou de l'eau acidulée est peu employée. On s'en sert quelquefois pour étalonner les ampèremètres.

La figure 9 représente un *voltamètre* à sulfate de cuivre. L'anode est en cuivre, la cathode en cuivre ou en platine.

L'électrolyte est une solution de sulfate de cuivre pur du commerce, de densité 1,15 environ et qui ne doit pas descendre pendant l'opération au-dessous de 1,05. On y ajoute environ 5 % de So^4H^2, pour diminuer l'attaque des électrodes par le bain.

Pour obtenir un dépôt bien adhérent on adopte une densité de courant de $\dfrac{2}{100}$ à $\dfrac{4}{100}$ ampère par cm² d'électrode. L'épaisseur des électrodes est

d'environ $\frac{5}{100}$ cm, (les bords sont arrondis) et la distance entre les deux
de 1 à 5 centimètres.

Avant de commencer l'opération, les électrodes doivent être bien net-
toyées et bien polies ; on les décape ensuite à l'acide azotique étendu
d'eau, puis dans une solution d'acide sulfurique. On les lave à grande

Fig. 9.

eau et on les passe dans l'alcool, après quoi on les fait sécher dans un
courant d'air chaud. Après avoir refroidi la cathode, on la pèse.

L'expérience terminée, on retire la cathode, on la lave plusieurs fois à
l'eau distillée, puis à grande eau, on la passe dans l'alcool et on la fait
sécher à l'air chaud. Après refroidissement on la pèse de nouveau.

La différence des deux pesées donne le cuivre déposé. L'équivalent
électrochimique de cuivre étant 0,000329 grammes par coulomb, on aura
le courant en ampère par la formule :

$$i = \frac{p}{0,000329.\,t}$$

p étant le poids, en grammes, du cuivre déposé sur la cathode, t la durée de l'opération, en secondes.

Celle-ci doit être d'environ une heure, pour avoir un dépôt de cuivre suffisant.

Pour maintenir le courant constant, on se sert d'une batterie composée d'un grand nombre d'accumulateurs, à débit bien supérieur à celui dont on a besoin. Cela permet d'introduire un rhéostat, de résistance suffisante, pour que les variations, de la résistance de l'électrolyte et de sa f. é. m. de polarisation, n'influent pas sur le courant d'une façon sensible.

On relève le courant plusieurs fois pendant l'opération.

Avec les plus grandes précautions on n'arrive pas à une précision supérieure à 0,5 %.

9. Mesure calorimétrique. — On fait passer le courant dans un fil de résistance connue et on mesure, à l'aide d'un calorimètre, la chaleur dégagée dans le fil pendant un temps t connu. On a

$$I = \sqrt{\frac{JQ}{Rt}},$$

(R la résistance du fil, Q la chaleur dégagée en calories, J l'équivalent mécanique de la calorie).

Méthode délicate et peu précise. N'est pas employée dans la pratique. Peut servir à la mesure du courant continu ou alternatif.

10. Emploi d'un galvanomètre. — Les courants continus peu intenses peuvent être mesurés à l'aide d'un galvanomètre, shunté ou non (voir fasc. 20, chap. V).

Pour les courants intenses et pour les courants alternatifs on emploie des galvanomètres industriels dont nous nous occuperons dans le chapitre V.

11. Mesure d'une résistance et d'une différence de potentiel. — On fait passer le courant dans une résistance connue et on mesure la différence de potentiel aux bornes de cette résistance. On a :

$$I = \frac{U}{R}.$$

La mesure de la différence de potentiel se fait à l'aide d'un galvanomètre ou d'un électromètre, ou par l'une des méthodes indiquées dans le chapitre suivant, et en particulier par la *méthode potentiométrique*, qui est la plus précise.

CHAPITRE IV

Mesure des différences de potentiel et des f. é. m.

---

12. Définitions et formules. — La *différence de potentiel* entre deux points est mesurée par le travail que produiraient les forces électriques, si on déplaçait l'unité de masse positive, de l'un des points à l'autre, en suivant un chemin quelconque. Le signe de la différence de potentiel est le signe de ce travail.

Les mouvements de l'électricité, donc, les *courants* dans les conducteurs dépendent des différences de potentiel entre les divers points. Ces courants tendent à égaliser les potentiels.

Pour maintenir les différences de potentiel on emploie des sources : piles, accumulateurs, dynamos, alternateurs etc., dont le rôle est de fournir de l'énergie à l'électricité.

On appelle f. é. m. d'une source, l'énergie qu'elle fournit à l'unité de quantité d'électricité.

On démontre que la f. é. m. d'une source est égale à la différence de potentiel entre ses *pôles*, lorsque le circuit extérieur est ouvert. La mesure de la f. é. m. d'une source se réduit donc à celle de la différence de potentiel entre ses pôles ; mais il ne faudra pas oublier que la source doit se trouver à circuit pratiquement ouvert.

En courant variable on définit, comme pour les intensités : la *valeur moyenne* par

$$(u_m)_1 = \frac{1}{T} \int_0^T u\,dt \quad \text{ou} \quad (u_m)_2 = \frac{1}{T} \int_0^T |u|\,dt,$$

et la *valeur efficace* par :

$$\sqrt{\frac{1}{T}\int_0^T u^2 dt},$$

u étant la *valeur instantanée* de la différence de potentiel ou de la f. é. m.

Unités. — L'unité pratique de différence de potentiel ou de f. é. m., qui est le *volt international*, a été définie par le congrès de Chicago : « Le volt international est la f. é. m. qui, appliquée d'une manière constante à un conducteur dont la résistance est de 1 ohm international, produit un courant égal à 1 ampère international ; il est représenté, avec une exactitude suffisante pour les besoins de la pratique, par les $\frac{1\,000}{1\,434}$ de la f. é. m. de la pile connue sous le nom de *pile Clark*, à la température de 15°C, et préparée d'après des spécifications indiquées par le Congrès » ([1]).

Le *volt* vaut 10^8 U.E.M.C.G.S.

MÉTHODES DE MESURES

13. Méthodes de Laboratoire. Méthodes d'opposition. — Les *méthodes d'opposition* ou de *compensation* sont les méthodes les plus précises pour la mesure des différences de potentiel (ou des f. é. m.) constantes.

Le principe de ces méthodes est le suivant : soit U la différence de potentiel entre deux points A et B (fig. 10), et U′ la différence de potentiel entre deux autres points A′ et B′.

Réunissons A avec A′ et B avec B′ par des conducteurs métalliques, et dans l'un de ces conducteurs introduisons un appareil de mesure (galvanomètre, électromètre capillaire Lipmann, etc.) ([2]). Arrangeons-nous

---

([1]) Actuellement on préfère, comme pile étalon, l'élément Weston, dont la f. é. m., à 20°, est : 1ᵛ,0184. (Voir fascicule 7).

([2]) Nous supposerons, dans ce qui va suivre, que l'appareil de mesure est un galvanomètre ; les électromètres capillaires étant des appareils délicats ne sont pas employés dans les laboratoires industriels.

pour qu'il n'y ait aucune autre liaison conductrice, entre le circuit, dont font partie les points AB, et celui de A'B'. Dans ces conditions, si l'une des différences de potentiel est réglable, et si on la règle de façon que l'appareil de mesure *reste à l'équilib.e*, on a U = U'.

Remarquons en effet, que les courants dans les fils $\overline{AA'}$ et $\overline{BB'}$ sont toujours égaux et de même signe par rapport aux flèches marquées ; autrement il y aurait accumulation d'électricité dans l'un des circuits. Si l'appareil de mesure reste au zéro c'est que le courant dans BB' *est nul*, et d'après ce qu'on vient de voir il en est de même de celui de AA'. Le point B est donc au même potentiel que B' et A au potentiel de A'. On a donc U = U', ce qu'il fallait démontrer.

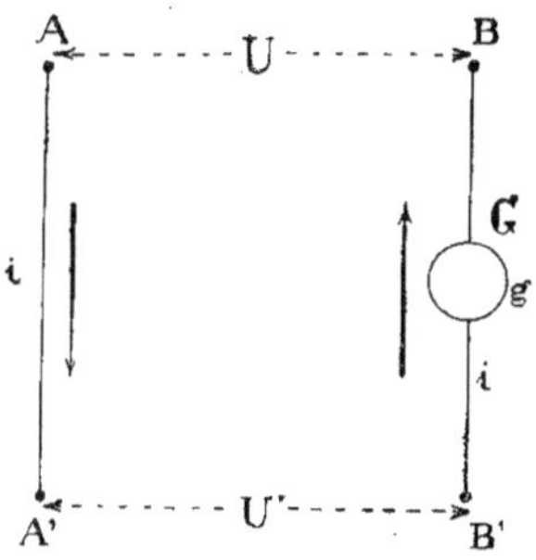

Fig. 10.

L'une des différences de potentiel, par exemple U, sera la différence de potentiel à mesurer ou une fraction connue de celle-ci ([1]).

La différence de potentiel réglable U' s'obtient habituellement, en faisant débiter une source sur un réseau, plus ou moins complexe, formé de résistances, parties constantes, parties réglables, et en prenant la différence de potentiel entre deux points A' et B' de ce réseau. La source doit, bien entendu, fournir un courant constant et les résistances doivent être indépendantes de la température, pour qu'on puisse être sûr de la valeur de U'. On prendra, comme sources, des accumulateurs à débit assez

---

([1]) On obtient une fraction connue d'une différence de potentiel U en faisant agir celle-ci sur une résistance R (assez grande pour que le courant qui se produit ne fasse pas varier U) et en prenant la différence de potentiel entre deux points de cette résistance. Si r est la résistance et u la différence de potentiel entre ces deux points on a :

$$\frac{u}{U} = \frac{r}{R} \quad \text{d'où} \quad u = \frac{r}{R} \cdot U.$$

Il suffit donc de connaître le rapport $\frac{r}{R}$ — En prenant plusieurs valeurs pour r on a des fractions différentes de U. C'est le principe des *réducteurs de potentiel*.

grand, ou des piles impolarisables dans les conditions d'expérience, et les résistances en manganine.

Quelle que soit la complication du réseau, il sera toujours équivalent à une résistance r, comprise entre les points A′ et B′, et une résistance $r' + \rho$, qui complète le circuit de la source, ρ étant la résistance de celle-ci (fig. 11).

Nous allons chercher la relation entre U et E, lorsque l'appareil de mesure G est à l'équilibre. A ce moment le courant dans les branches AA′

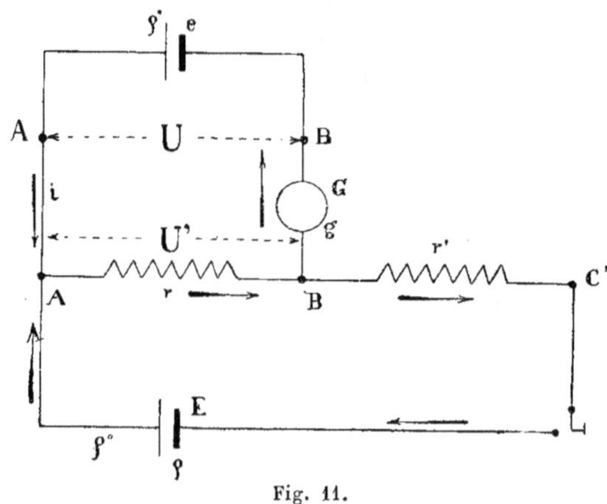

et BB′ étant nul, le courant est le même dans tout le circuit EA′B′C′E ; soit I ce courant.

On a :

$$I = \frac{E}{r + r' + \rho + \rho''},$$

ρ'' étant la résistance des fils de connexion.

D'autre part on a

$$U = U' = rI$$

d'où

$$(29) \qquad U = \frac{r}{r + r' + \rho + \rho''}\, E.$$

On s'arrange toujours pour que $\rho + \rho''$ soit négligeable[1] devant $r + r'$, et on obtient :

$$(30) \qquad U = \frac{r}{r + r'} \cdot E.$$

Il suffit donc de connaître r, r' et l'une des quantités U ou E pour avoir l'autre.

Sensibilité. — Avant d'indiquer les dispositifs pratiques, nous allons chercher les conditions de meilleure sensibilité de la méthode, sous sa forme simple.

Supposons, pour fixer les idées, qu'il s'agisse de mesurer la f. é. m. d'une pile e, dont nous appellerons ρ' la résistance intérieure, et supposons que nous la placions entre les points A et B. — Lorsque l'appareil G est à l'équilibre le courant i est nul, et la différence de potentiel U est égale à la f. é. m. de la pile e [2]. [Si $i \neq 0$, on a $U = e - \rho'i$].

En réalité on ne peut pas apprécier l'instant exact de l'équilibre, mais on est sûr que l'appareil dévie lorsque sa déviation est supérieure à une certaine valeur α_0.

Soit e la vraie valeur à mesurer et $e + \Delta e$ la valeur donnée par la formule (30') $e + \Delta e = \dfrac{r}{r + r'} E$, lorsque le galvanomètre G donne la déviation minima α_0 ; Δe est *l'erreur absolue* sur e, provenant du manque de sensibilité. Pour une f. é. m. donnée e, *la méthode sera d'autant plus sensible que Δe sera plus petit.*

---

(1) Si $\rho + \rho''$ n'est pas négligeable, on peut l'éliminer. Pour cela il suffit de faire une deuxième mesure en prenant r et r' différents des précédents ; soit r_1 et r'_1 les nouvelles valeurs.

On aura

$$(29') \qquad U = \frac{r_1}{r_1 + r'_1 + \rho + \rho''} \cdot E$$

De (29 et (29') on tire facilement

$$U = \frac{r - r_1}{r + r' - r_1 - r'_1} \cdot E.$$

(2) Un des avantages des méthodes d'opposition est justement que les piles, dont on mesure les f. é. m., ne débitent pas au moment de l'équilibre ; et on peut s'arranger pour qu'elles débitent très peu pendant l'expérience. Pour cela on introduit dans le circuit de e une grande résistance (de 10 000 à 100 000 ohms) qu'on enlève vers la fin de l'opération. Si on ne l'enlève pas, on a moins de sensibilité.

Or les lois de Kirchoff donnent :

$$e = (\rho' + g)\,i + r(I + i) \quad \text{et} \quad E = r'I + r(I + i)$$

d'où

$$e = (\rho' + g + r)\,i + rI \quad \text{et} \quad E = ri + (r + r')I,$$

(g étant la résistance du galvanomètre et des résistances qu'on aura ajoutées en série).

De ces équations on tire

$$e - \frac{r}{r + r'}\,E = \left(\rho' + g + r - \frac{r^2}{r + r'}\right) i = \left(\rho' + g + \frac{rr'}{r + r'}\right)i$$

Or de $(30')$ on déduit

$$\Delta e = e - \frac{r}{r + r'}\,E$$

donc

$$\Delta e = \left(\rho' + g + \frac{rr'}{r + r'}\right) \cdot i.$$

Si i est le courant qui donne la déviation α_0, on a

$$i = \frac{\alpha_0}{k \cdot 10^6},$$

k étant la constante du galvanomètre, en divisions par microampère, et i étant exprimé en ampères. D'où

$$(31) \qquad \Delta e = \left(\rho' + g + \frac{rr'}{r + r'}\right) \cdot \frac{\alpha_0}{k \cdot 10^6}.$$

De cette formule, facile à discuter, nous tirons les conclusions suivantes.

1° L'erreur de sensibilité sera d'autant plus faible, que la pile dont on mesure la f. é. m. sera moins résistante (ρ' petit).

2° Pour une pile donnée, il faut que la résistance g soit la plus faible possible.

On devra donc, à la recherche de l'équilibre définitif, enlever toutes les résistances supplémentaires, et d'autre part, entre deux galvanomètres de même sensibilité, on choisira le moins résistant.

3° La résistance $\frac{rr'}{r + r'}$, qui est équivalente aux deux résistances r et

r' montées en parallèle, devra être la plus faible possible. Pour cela il faut, que l'une des résistances, au moins, soit faible. *On diminuera de préférence r', ce qui revient à choisir une pile E de f. é. m. peu différente de e* ([1]).

4° Parmi les galvanomètres, de même résistance, on choisira le plus sensible (k grand). De deux appareils de résistance proportionnelle à la sensibilité, il sera préférable d'employer le plus sensible, parce que, la parenthèse de (31) croît moins vite que k. Il faudra aussi tenir compte de la période et de la rapidité de l'appareil, parce qu'un appareil trop lent rend les mesures très délicates. On n'oubliera pas, non plus, qu'il est inutile d'avoir une méthode trop sensible, lorsque les mesures ne comportent pas beaucoup de précision.

Supposons maintenant que E ([2]) soit la f. é. m. à mesurer et e la f. é. m. étalon. Si E est la vraie valeur de la f. é. m. et E $+$ ΔE la valeur donnée par la formule :

$$e = \frac{r}{r + r'} \, (E + \Delta E)$$

lorque G donne la déviation α_0, la méthode sera d'autant plus sensible que ΔE sera plus petit. Or il résulte de la relation précédente que

$$\Delta E = \frac{r + r'}{r} \left[e - \frac{r}{r + r'} \right] \cdot E$$

et, en tenant compte de ce qu'on a trouvé dans le cas précédent,

$$\Delta E = \frac{r + r'}{r} \cdot \left(\rho' + g + \frac{rr'}{r + r'} \right) \cdot \frac{\alpha_0}{k \cdot 10^6}.$$

Cette formule donne les mêmes conditions de sensibilité que dans le cas précédent.

([1]) Si on diminuait r, on pourrait être amené à faire débiter à la source E un courant trop fort ; on a en effet à l'équilibre $e = rI$ et si r diminue I croît. On ne doit pas diminuer trop la somme $r + r'$ pour le même motif.

([2]) Je rappelle que E ne pourra être employée comme source, que si elle est impolarisable ; de plus, les formules supposent que sa résistance intérieure est négligeable devant $r + r'$.

Dispositifs pratiques. — La formule (30) suppose connue U ou E. Lorsqu'il s'agit de comparer deux piles, on place en E celle, qui peut débiter et en U l'autre, qui est habituellement la pile étalon.

Si on a à comparer deux piles qui ne doivent pas débiter (des piles étalons, ou des piles polarisables), on place en E une source auxiliaire convenable (accumulateur, pile impolarisable) et en U on introduit successivement chacun des éléments à comparer.

Si e et e_1 sont les f. é. m. des deux piles, r et r' les résistances qu'on a obtenues avec l'une, r_1 et r'_1 pour l'autre, on a :

$$e = \frac{r}{r + r'} \cdot E$$

$$e_1 = \frac{r_1}{r_1 + r'_1} E$$

d'où

$$(32) \qquad \frac{e}{e_1} = \frac{r}{r_1} \cdot \frac{r_1 + r'_1}{r + r'} .$$

Dispositif de M. Bouty. — Il consiste à prendre r et r' sur deux boîtes de résistance jumellées [1]. On a, dans ce cas,

$$r + r' = r_1 + r'_1,$$

et (32) devient :

$$\frac{e}{e_1} = \frac{r}{r_1},$$

formule très simple.

Dispositif de Clark. — Il consiste à prendre les résistances r et r_1 sur un fil homogène, sur lequel se déplace un curseur. La résistance totale du circuit reste toujours constante, et, si le fil est bien calibré, les résistances r et r_1 sont proportionnelles aux longueurs. On a donc :

$$\frac{e}{e_1} = \frac{AB}{AB_1},$$

---

[1] On dit que deux boîtes de résistances sont jumellées, si on introduit dans l'une les résistances enlevées de l'autre.

B et B_1 étant les positions du curseur, pour lesquelles on obtient respectivement l'équilibre (fig. 12).

Dispositifs potentiométriques. — Dans ces dispositifs on s'arrange pour avoir

$$e = \frac{r}{10^m} \quad \text{ou} \quad e = \frac{\overline{AB}}{10^m},$$

m étant un nombre entier ; c'est-à-dire que la f. é. m. à mesurer est

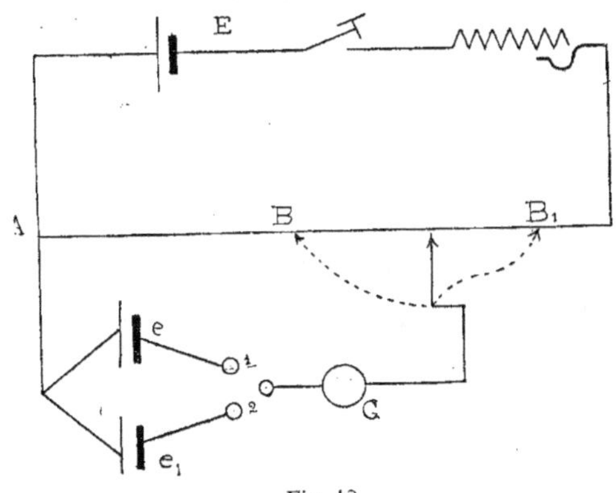

Fig. 12.

égale à la lecture d'une résistance ou d'une division sur un fil, divisée par une puissance entière de 10.

Nous verrons des exemples dans les *potentiomètres*. Voici un montage simple :

Dans le dispositif Bouty on ajoute une troisième résistance réglable R, dans le circuit de E (fig. 13).

La pile e_1 étant l'étalon, de f. é. m. connue, on donne à r une valeur égale à $10^m . e_1$ (en général 1 000 e_1 ou 10 000 e_1) ; on choisit r' de façon que $r + r'$ ait une valeur appropriée ; on ferme (1, 2) et on règle R jusqu'à l'équilibre de G.

Après avoir ouvert (1, 2) on introduit en (2, 3) la différence de potentiel à mesurer, et on règle r, sans changer R ni $r + r'$, jusqu'à l'équilibre de G.

La première opération donne

$$e_1 = rI = 10^m e_1 \cdot I \quad \text{d'où} \quad I = \frac{1}{10^m}.$$

Dans la deuxième opération I ne change pas et on a

$$u = rI = \frac{r}{10^m}.$$

Exemple. — Soit à mesurer une différence de potentiel de l'ordre de 3 volts, et supposons qu'on dispose d'une pile étalon Weston, dont la

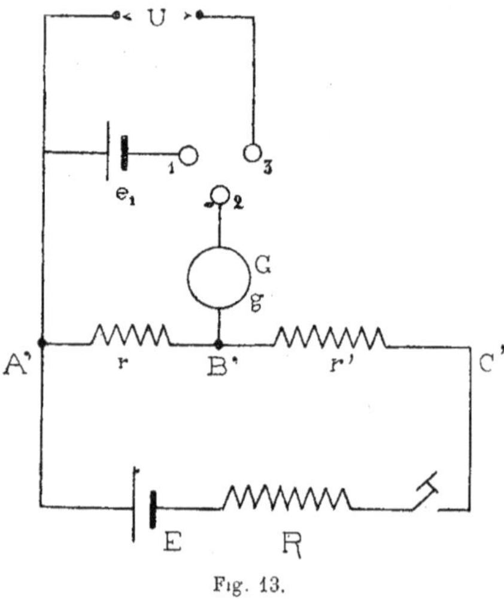

Fig. 13.

f. é. m. $e_1 = 1,019$ volts ([1]), de deux boîtes de résistance à 16 bobines (11 110 ohms) et d'une troisième résistance réglable.

On commencera par donnner à r la valeur 1 019 ohms, ce qui, au moment de l'équilibre, donnera $I = \frac{1}{1\,000}$ ampère.

---

[1] La pile Weston tend à être la seule employée comme pile étalon, à cause de sa constance et son faible coefficient de température (voir fasc. 7).

On jumellera les boîtes de résistance sur 4110 ohms, de façon à pouvoir mesurer jusqu'à $4110 . \frac{1}{1000} = 4{,}11$ volts. On prendra, comme source, deux ou trois accumulateurs, de façon à avoir une f. é. m. E supérieure à 4,11 volts.

On aura alors :

$$u = r : \overline{10}^3.$$

Autre dispositif. — Le dispositif (fig. 14) a l'avantage de permettre le passage facile, d'un pont de Wheatstone à un dispositif d'opposition.

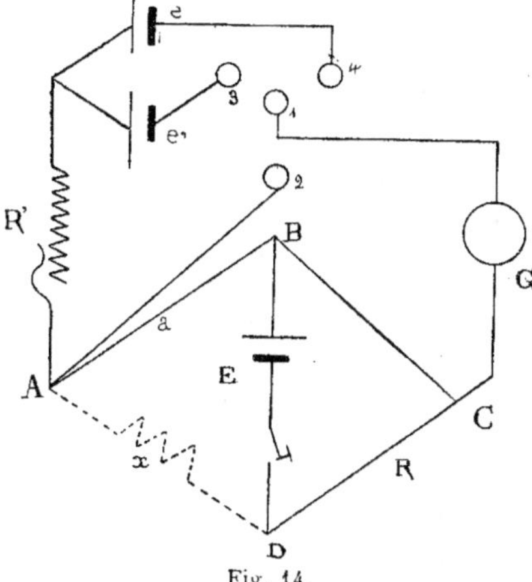

Fig. 14.

Si on ferme (1, 2) et qu'on introduit en AD la résistance à mesurer, on a un pont de Wheatstone.

Si, au contraire, on n'introduit rien entre A et D, si on rend $a = 0$ et qu'on ferme successivement (1, 3) et (1, 4) on peut comparer les f. é. m. e et e_1.

Supposons b [1] constant et soient R et R_1 les valeurs de R pour lesquelles on obtient successivement l'équilibre. On a, d'après la formule (32) :

$$\frac{e}{e_1} = \frac{b + R_1}{b + R} .$$

---

[1] b est la résistance de la branche BC.

Remarquons que $b + \mathrm{R}$ et $b + \mathrm{R}_1$ sont les résistances *totales* lues sur le pont.

Conseils. — 1° La pile e, ou le circuit dont fait partie U, doit être bien isolé du circuit E.

2° Pour ne pas faire débiter les piles e, on introduit en série avec G une résistance (de 10 000 à 100 000 ohms), qu'on enlève lorsqu'on s'approche de l'équilibre.

3° Avant de commencer les mesures, vérifier que les pôles de e et de E, connectés en A et A', sont de même nom.

4° Faire un grand nombre de mesures, tantôt avec l'une, tantôt avec l'autre des différences de potentiel à comparer. Si les résultats sont discordants, vérifier que la pile E peut débiter son courant sans se polariser, que les fils de connexion sont bien serrés sous les bornes et que les points de contact sont bien propres, que les fiches des boîtes de résistances sont bien propres et bien enfoncées, etc.

14. Emploi d'un condensateur et d'un balistique. — On charge un condensateur, successivement, à la différence de potentiel e à mesurer et à la différence de potentiel d'une pile étalon e_1, et on le décharge chaque fois dans un balistique, à circuit ouvert ou convenablement shunté (fig. 15).

Avec le montage de la figure, si s et s_1 sont les valeurs qu'on a données à s dans les deux cas, ε et ε_1 les élongations du balistique de résistance g, on a :

$$\varepsilon = k' \cdot \frac{Ces}{\mathrm{R} + g} \qquad \text{et} \qquad \varepsilon_1 = k' \cdot \frac{Ce_1 s_1}{\mathrm{R} + g}$$

d'où

$$(33) \qquad \frac{e}{e_1} = \frac{s_1}{s} \cdot \frac{\varepsilon}{\varepsilon_1}.$$

On garde $\mathrm{R} + g$ constant, pour simplifier les formules. Si le galvanomètre est à cadre mobile, on se trouve aussi dans les mêmes conditions d'amortissement, ce qui est nécessaire pour avoir le même k'.

Conseils. — 1° Le condensateur doit être toujours chargé pendant le même temps (p. 124).

2° La décharge dans le balistique doit être faite immédiatement après la charge, pour éviter les pertes par l'isolant du condensateur.

3° Tous les circuits doivent être très bien isolés.

4° Les élongations ε et ε_1 doivent être suffisamment grandes (de 100 à

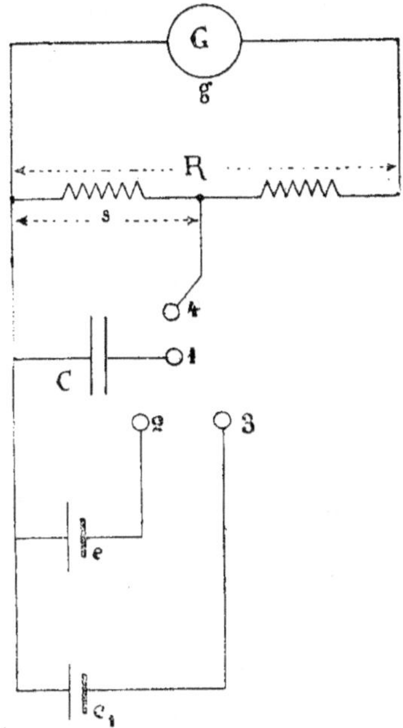

Fig. 15.

250 divisions de 1 millimètre) et presque égales, pour éviter les erreurs provenant de la non-proportionnalité du balistique.

5° Répéter plusieurs fois les mesures.

15. Emploi d'un galvanomètre. — On fait le montage (fig. 32, fasc. 20). On place d'abord en E une source de f. é. m. très bien connue e_1 (par exemple accumulateur ou pile impolarisable, dont on aura mesuré la f. é. m. au potentiomètre) et on règle r, s et R de façon que la résistance de la source soit négligeable devant R, que la déviation α_1 du galvanomètre soit convenable et que celui-ci soit un peu au-dessus de l'amortissement critique.

On a vu qu'on avait dans ces conditions :

$$\alpha_1 = k \cdot i = k \cdot \frac{e_1 s}{R(s + g + r) + s(g + r)}.$$

On remplace e_1 par la différence de potentiel e à mesurer.

On peut faire varier r, s et R pour avoir une nouvelle déviation convenable, mais la méthode la plus simple consiste à laisser ces quantités constantes et à relever la nouvelle déviation α_0. On a

$$\alpha_0 = k \cdot \frac{es}{R(s + g + r) + s(g + r)}$$

d'où

$$\frac{e}{e_1} = \frac{\alpha_0}{\alpha_1} \quad \text{donc} \quad e = \frac{e_1}{\alpha_1} \cdot \alpha_0.$$

Remarque. — Dans la première expérience on peut régler R, de façon que la déviation obtenue soit en relation simple avec e_1, par exemple $e_1 = m\alpha_1$ (m étant un nombre entier ou décimal simple).

On a alors, aussi : $e = m\alpha$.

Exemple. — Si on a, par exemple, à mesurer des différences de potentiel de l'ordre de 3 volts, et qu'on a $e_1 = 2{,}08$, on réglera R pour avoir $\alpha_1 = 104$ divisions, ce qui donne 50 divisions par volt $\left(m = \frac{1}{50}\right)$.

16. Mesure des différences de potentiel élevées. — Les différences de potentiel élevées se mesurent en général à l'aide d'appareils à lecture directe et surtout les *électromètres*, pour les courants continus, et les *électromètres* et les *voltmètres à transformateurs* (fasc. 22), pour les courants alternatifs.

17. Potentiomètres. — Les *potentiomètres* sont des groupements d'appareils réalisant des *dispositifs potentiométriques* et qui permettent des mesures rapides et précises de différences de potentiel.

Un potentiomètre contient : un circuit formé d'une source (accumulateur ou pile impolarisable) et des résistances, montées de façon que la résistance totale, sur laquelle agit la source, soit constante ; une pile étalon (Weston ou Latimer Clark), un galvanomètre (ou galvanoscope) et des résistances auxiliaires.

Dans les appareils portatifs tous les éléments sont groupés ensemble, mais en général, le potentiomètre ne contient que l'ensemble des résistances. Le galvanomètre et la pile étalon sont séparés.

On peut classer les potentiomètres en deux groupes : Les *potentiomètres à fils* : Crompton, Chauvin et Arnoux, Roudolphe Franke, Hartmann et Braun ; et les *potentiomètres à bobines* : Carpentier, Otto Wolff, Hartmann et Braun, Raps et Feussner construits par Siemens et Halske.

Dans tous ces appareils on crée, entre deux points A' et B', une différence de potentiel variable à volonté, et qu'on oppose successivement, à la f. é. m. d'une pile étalon et à la différence de potentiel à mesurer, ou à une fraction de celle-ci obtenue à l'aide d'un *réducteur de potentiel.*

Les résistances des divers circuits et les indications marquées sur l'appareil doivent être disposées, de façon que la lecture sur celui-ci donne directement la différence de potentiel à mesurer, ou le produit de celle-ci par une puissance entière de 10.

Pour cela on commence par *tarer le potentiomètre*. Cette opération consiste : à opposer la différence de potentiel entre A' et B', à la f. é. m. d'une pile étalon, à placer les diverses manettes ou les curseurs de façon que la lecture sur l'appareil soit égale à la f. é. m. de l'étalon e_1 ou à $10^m.e_1$, et à régler les diverses résistances pour amener le galvanomètre au zéro.

Ceci fait on remplace la pile étalon par la différence de potentiel u à mesurer ([1]) et on règle les résistances d'une façon convenable pour avoir de nouveau l'équilibre au galvanomètre. La lecture sur le potentiomètre sera alors égale à u ou à $10^m u$.

([1]) Si on emploie un réducteur, u est une fraction connue de la différence de potentiel à mesurer.

Nous allons indiquer, pour quelques potentiomètres, les dispositifs employés pour pouvoir faire facilement toutes ces opérations.

Dans le potentiomètre à fil, *Chauvin et Arnoux* (fig. 16 et 16 *a*), un fil parfaitement calibré, ayant une longueur de 50 centimètres et une ré-

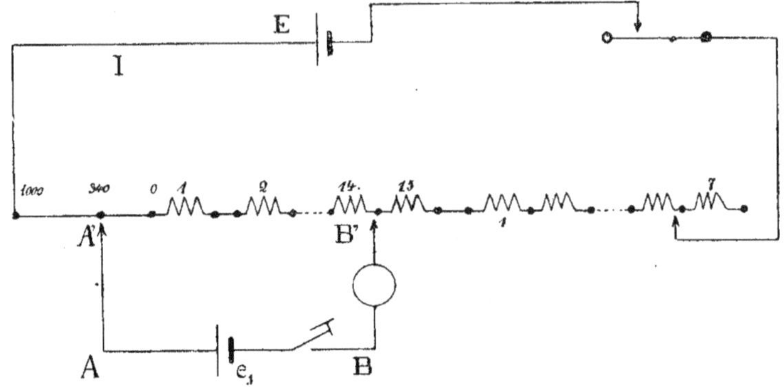

Fig. 16.

sistance d'environ 2 ohms, est tendu devant une règle divisée en 1 000 parties égales. Ce fil est en série avec un groupe de 15 bobines ayant

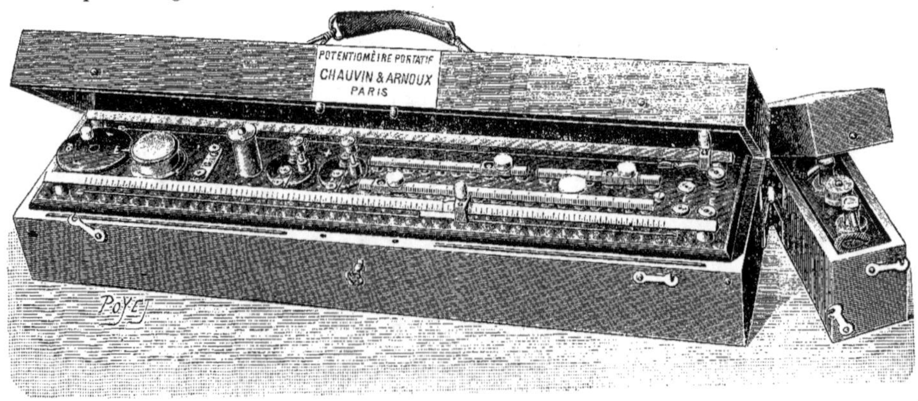

Fig. 16 *a*.

chacune une résistance égale à celle de 1 000 divisions du fil, un autre groupe de 7 bobines identiques aux précédentes et enfin un fil identique au premier et tendu devant une règle divisée. Des curseurs permettent de faire varier la résistance comprise entre deux points A' et B' et la résistance totale du circuit de la source E (accumulateur).

Supposons qu'on emploie comme étalon une pile Latimer Clark, dont la f. é. m. est de $1^v,4342$ à $15°$, et qu'on se trouve à cette température.

Pour tarer le potentiomètre, on place le curseur qui correspond à B' sur le plot 14, et celui qui correspond à A' sur la division 342, et on règle les autres curseurs de façon que le galvanomètre reste au zéro.

Si r est la résistance de 1 000 divisions du fil, on a pour le courant I :

$$I = \frac{1,4342}{14,342\, r} \quad \text{ou} \quad I = \frac{1}{10 . r} \text{ amp.}$$

Si maintenant on remplace e_1 par la différence de potentiel u à mesurer, et si on déplace A' et B' jusqu'à l'équilibre, on aura :

$$u = \left(n + \frac{n'}{1\,000} \right) r . I = \left(n + \frac{n'}{1\,000} \right) \frac{1}{10}$$

ou encore :

$$u = \frac{n}{10} + \frac{n'}{10\,000},$$

n étant le chiffre lu devant le curseur de droite, n' la subdivision sur la règle, qui se trouve devant le curseur de gauche.

Cet appareil est une variante du dispositif de Crompton. Il contient quelques détails pratiques intéressants.

Le potentiomètre à bobines *Otto Wolff* (fig. 17 et 18) contient 5 groupes de bobines ; connectées comme l'indique la figure 17.

Dans les deux groupes extrêmes les résistances sont réparties sur une demi-circonférence, et un balai métallique met en communication le plot voulu avec une demi-couronne inférieure continue. Dans les trois groupes moyens le nombre des bobines est doublé et distribué en deux demi-circonférences ; chaque plot de chacune peut être mis en communication, par un balai métallique, avec une demi-couronne continue. Les deux balais de chaque groupe sont solidaires mécaniquement, mais électriquement isolés.

On introduit la source, en série avec une résistance supplémentaire réglable, entre les points + B et — B.

En suivant le tracé de la figure 17 on voit que, quelle que soit la posi-

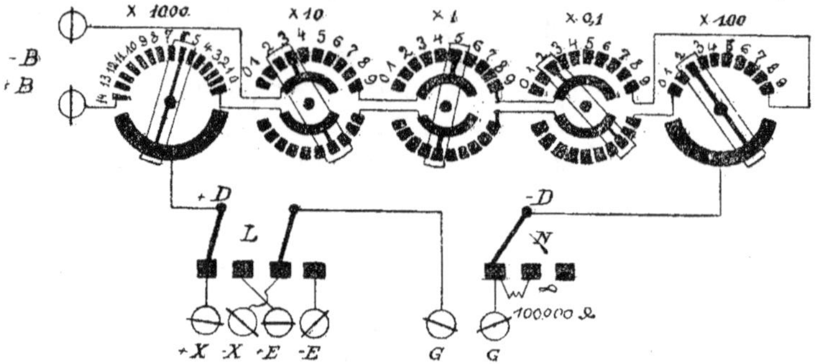

Fig. 17.

tion des manettes, la résistance entre les points + B et — B est constante (14 999,9 ohms), et ce résultat est obtenu dans les groupes

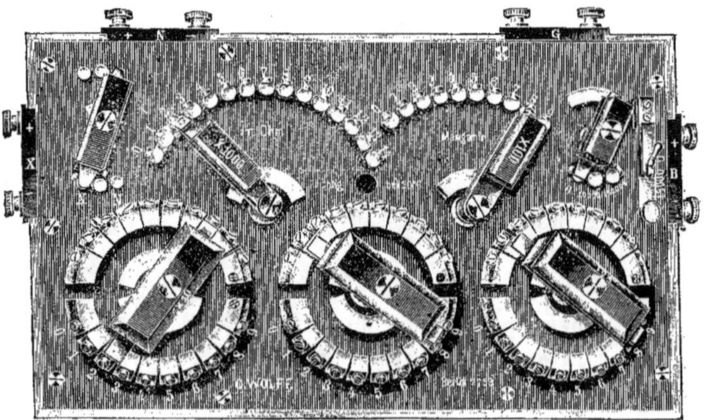

Fig. 18.

moyens, par l'introduction d'une résistance de l'une des demi-circonférences, lorsqu'on enlève l'autre de la demi-circonférence complémentaire. Au contraire la résistance entre les points + D et — D est variable, depuis 0,1 ohm jusqu'à 14 999,9 ohms. Par exemple, dans le cas de la figure, on trouve, en partant de + B vers — B : 40 bobines de 1 000 ohms

+ 3 bobines 10ω. de la demi-couronne inférieure
+ 5 bobines 1ω. idem + 2 bobines 0,1 idem
+ 10 bobines 100ω.
+ 8 bobines 0,1 de la demi-couronne supérieure
+ 5 bobines 1ω. idem + 7 bobines 10ω. idem.

tandis que entre + D et — D, on trouve :

+ 6 bobines 1 000ω. + 3 bobines 10ω. + 5 bobines 1ω.
+ 2 bobines 0,1 id. + 2 bobines 100ω. = 6 235,2ω.

Si la source a une f. é. m. constante, le courant dans le circuit reste constant. En tarant le potentiomètre d'une façon analogue à ce qu'on a fait dant le cas précédent, la différence de potentiel u sera égale à 10^m de la résistance lue entre D et — D.

Dans le potentiomètre de précision *Hartmann et Braun* (fig. 49 et 20), on arrive à maintenir constante la résistance comprise entre deux points EE, tout en faisant varier celle comprise entre deux points intermédiaires A′ et B′, par le dispositif ingénieux suivant :
Deux groupes de bobines a et b sont toujours entièrement dans le circuit EE, tandis que, à l'aide de 2 manettes mobiles, on fait varier les parties de leurs résistances comprises entre A′ et B′. En série avec a et b se trouvent 2 fils circulaires (c), sur lesquels glissent deux curseurs solidaires. Lorsqu'on déplace les curseurs on fait varier la position de l'un des fils comprise entre A′ et B′, tandis que l'autre curseur fait varier la résistance de l'autre fil de façon que la résistance totale entre E et E reste constante et égale à la résistance totale de l'un des fils.
En série se trouvent encore deux groupes de bobines. Chacune des bobines de ces groupes aboutit à deux plots ; des balais recourbés connectent ces plots deux par deux, excepté pour deux plots de chaque groupe, qui par des balais séparés communiquent avec le reste du circuit. Il existe de même, dans chaque groupe, deux plots entre lesquels ne se trouve pas de résistance, et qui communiquent avec l'extérieur.

Tous les balais d'un groupe sont solidaires avec un plateau isolant et se déplacent donc ensemble. En suivant la figure 19 on se rend compte facilement qu'entre les points marqués α et β se trouvent toujours les

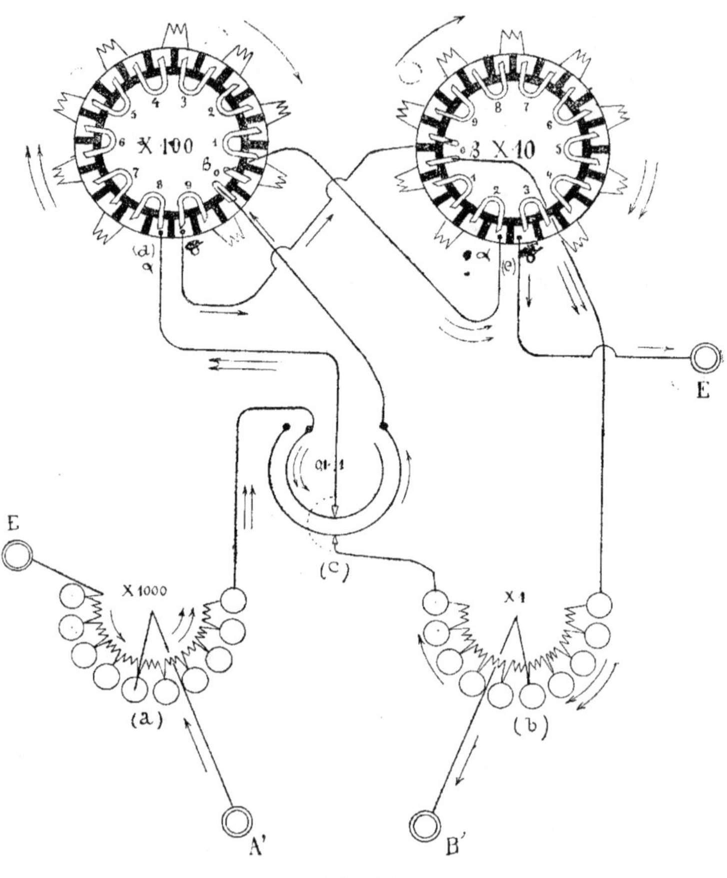

Fig. 19.

résistances appartenant à la portion A'B' du circuit, et entre α et γ la résistance totale qui appartient au circuit EE. Si on fait tourner l' la manette de l'un des plateaux, chaque résistance enlevée entre α et β s'introduit automatiquement dans la position $\beta\gamma$ [1].

Dans le *potentiomètre Carpentier* (fig. 21 et 22) on maintient cons-

Fig. 20.

tante la résistance du circuit EE', tout en faisant varier la différence de potentiel entre deux points A' et B', par un dispositif analogue au pont Thomson-Varley.

Entre les points E et E' se trouvent : une bobine de 10 000 ohms

----

(1) Ce dispositif demande moins de bobines que celui d'Otto Wolff, mais il introduit dans le circuit un grand nombre de contacts. La résistance totale du circuit étant grande, et les contacts bien faits, leur influence est négligeable.

[dans le cas de la figure 21 c'est la bobine (2)], 11 bobines de 1 000 ohms et 11 bobines de 10 ohms. En dérivation sur deux des bobines de 1 000

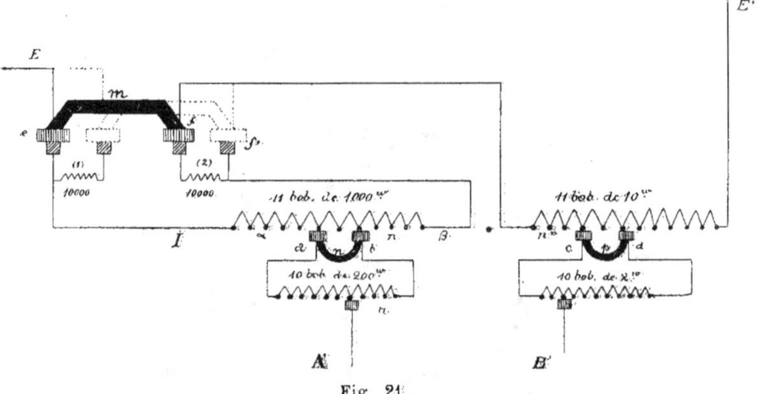

Fig. 21.

ohms se trouvent 10 bobines de 20 ohms [1], de sorte que la résistance entre les points a et b est de $\dfrac{2\,000}{2} = 1\,000$ ohms, donc la résistance

Fig. 22.

entre α et β est de 10 000 ohms (au lieu de 11 000). De même entre les

(1) Les manettes m, n, p, sont en matière isolante.

points c et d contenant deux bobines de 10 ohms, se trouvent dérivées 10 bobines de 2 ohms, de résistance totale 20 ohms ; la résistance entre c et d est donc $\frac{20}{2} = 10$ ohms et la résistance entre f et E′ de 100 ohms (au lieu de 110). — La résistance totale entre E et E′ est donc de $10\,000 + 10\,000 + 100 = 20\,100$ ohms, quelles que soient les positions des curseurs ab, cd et ef.

Evaluons maintenant la différence de potentiel u entre A′B′.

On a

$$(34) \quad u = \left(V_{A'} - V_b\right) + \left(V_b - V_\beta\right) + \left(V_\beta - V_f\right) + \left(V_f - V_c\right) + \left(V_c - V_{B'}\right).$$

Or

$$V_A - V_b = 200\,n' \cdot \frac{I}{2} = 100\,n'I, \quad V_b - V_\beta = 1\,000 \cdot n \cdot I, \quad V_\beta - V_f = 10\,000 \cdot I,$$

$$V_f - V_c = 10\,n''I, \quad V_c - V_{B'} = 2 \cdot n''' \cdot \frac{I}{2} = n'''I ;$$

n, n', n'', n''' étant le nombre des bobines comprises entre les points considérés, et I le courant total dans le circuit. (Le courant est $\frac{I}{2}$ dans les bobines n' et n''', parce que le courant total est dérivé entre deux résistances égales).

En remplaçant dans (34) et en groupant convenablement on obtient :

$$u = [10\,000 + 1\,000\,n + 100\,n' + 10\,n'' + n'''] \cdot I.$$

et, si on s'arrange pour que $I = \frac{1}{10\,000}$ ampère (en *tarant* l'appareil, comme on l'a déjà indiqué), on aura :

$$u = 1 + \frac{n}{10} + \frac{n'}{100} + \frac{n''}{1\,000} + \frac{n'''}{10\,000}.$$

Ce sont ces valeurs qui sont inscrites devant les curseurs ; on lit donc directement la différence de potentiel entre A et B.

Si le curseur ef est en $e'f'$, on aurait

$$u = \frac{n}{10} + \frac{n'}{100} + \frac{n''}{1\,000} + \frac{n'''}{10\,000}.$$

La première position de ef sert lorsque u est supérieure à l'unité, la deuxième $e'f'$ lorsque u est inférieure à l'unité.

Mesure des intensités et des résistances. — On peut employer les potentiomètres, et en général les méthodes d'opposition, à la mesure des intensités. Pour cela il suffit de faire passer le courant à mesurer dans une résistance étalon et mesurer la différence de potentiel aux bornes de cette résistance. On a

$$I = \frac{u}{R}.$$

Pour la mesure d'une résistance, on forme un circuit composé d'une source, un rhéostat de réglage, la résistance à mesurer x et une résistance étalon r (voir fasc. 20, p. 109). On mesure successivement la différence de potentiel aux bornes de x et de r. Le courant étant le même dans les deux, leur rapport est égal à celui des différences de potentiel mesurées.

Avantages et inconvénients des potentiomètres. — Les potentiomètres à fils sont d'une construction simple, donc d'un prix relativement peu élevé ; ils ont un circuit total peu résistant (de l'ordre de 50 ohms pour l'appareil Chauvin et Arnoux) et par conséquent on peut employer un galvanomètre relativement peu sensible (page 41). A cause de leur faible résistance, ils ont deux inconvénients : 1° les résistances de contact et de connexion ne sont pas négligeables et peuvent être causes d'erreurs ; 2° le courant qui traverse le circuit est relativement fort (0,05 ampère dans l'appareil cité) et par conséquent difficile à maintenir constant.

Les potentiomètres à bobines sont *de beaucoup plus précis* : leurs principaux inconvénients sont : 1° leur prix est très élevé ; 2° ils nécessitent l'emploi d'un galvanomètre très sensible.

Les résistances dont ils se composent sont des résistances de précision en manganine. Ils permettent la mesure de différence de potentiel avec une approximation de l'ordre de 0,01 $^0/_0$.

CHAPITRE V

Appareils de mesures des intensités et des différences de potentiel
(Voltmètres et ampèremètres)

---

18. Généralités. — Les *voltmètres* sont des appareils industriels, qui servent à la mesure des différences de potentiel ; les *ampèremètres* servent à la mesure des intensités.

Les *voltmètres électrostatiques* exceptés, les *ampèremètres* et les *voltmètres* contiennent toujours des fils ou des bobines, fixes ou mobiles, parcourues par du courant.

Nous parlerons successivement des divers systèmes d'appareils. Disons tout de suite, qu'il n'y a pas de différence *essentielle* entre les *voltmètres* et les *ampèremètres* d'un même système. Le même appareil peut servir comme voltmètre ou ampèremètre ; mais, d'habitude, chaque appareil est construit pour être le mieux approprié à son utilisation.

Ainsi, les *voltmètres* auront en général une grande résistance, les *ampèremètres* une résistance très faible (voir p. 7) ; les cadrans des volmètres seront gradué en *volts* ou en divisions proportionnelles à la différence de potentiel à leurs bornes, celui des ampèremètres en *ampères* ou en divisions proportionnelles au courant qu'ils ont à mesurer.

Voltmètres à plusieurs sensibilités. — Nous allons voir dans la suite que, pour les voltmètres comme pour les ampèremètres, la déviation de l'équipage mobile dépend du courant qui traverse les bobines, mais que, dans les voltmètres, on s'arrange pour que ce courant soit pratiquement proportionnel à la différence de potentiel aux bornes de l'appareil.

Si, à un voltmètre donné, on ajoute une résistance en série on aura, pour le même courant dans les bobines, une différence de potentiel plus grande aux bornes de l'ensemble.

On construit des voltmètres ayant plusieurs bornes entre lesquelles se trouvent des résistances appropriées ; dans ces appareils, à une indication de l'aiguille, correspondent des différences de potentiel différentes, suivant les bornes entre lesquelles on fait la mesure.

Ampèremètres à shunts. Dans certains ampèremètres le courant à mesurer passe en entier dans les bobines ; dans d'autres les bobines sont *shuntées* (fasc. 20, p. 78) et ne sont traversées que par une faible fraction du courant à mesurer : ce sont les *ampèremètres à shunts.*

Shunts. — Les shunts industriels sont des résistances très faibles formées de plusieurs lames en maillechort, ou, de préférence, en manganine, réunies à leurs extrémités par des blocs en laiton, sur lesquels se

Fig. 23.

trouvent deux prises appropriées pour l'amené du courant, et deux autres pour les dérivations allant à l'appareil (fig. 23).

Un bon shunt doit avoir un faible coefficient de température, une grande surface de refroidissement, et des larges surfaces de contact entre les prises de courant et les conducteurs (0,1 cm² par ampère).

Il serait bon que sa température ne dépasse pas 100° C. pour le courant maximum.

On doit aussi se préoccuper des couples thermo-électriques, qui prennent naissance au contact du shunt et des cordons qui amènent le courant à l'appareil. Avec les shunts en manganine ces couples sont négligeables.

Les câbles d'amené du courant doivent être connectés au shunt d'une façon appropriée. Ceci est très important pour les shunts à fort courant, dans lesquels une mauvaise distribution des lignes de courant peut

Fig. 24.

produire de graves erreurs. La figure 24 représente un bon montage, la figure 25 un montage défectueux ([1]).

Cordons. — Les shunts sont reliés aux appareils à l'aide de cordons

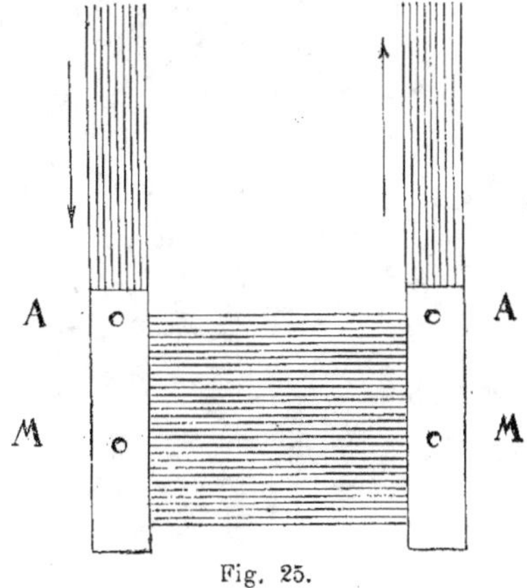

Fig. 25.

métalliques souples (de 75 à 200 centimètres de long). Ceux-ci doivent avoir une résistance très faible par rapport à celle de l'appareil, et de très bons contacts avec celui-ci et avec le shunt.

([1]) Les effets des mauvaises connexions se manifestent mieux si les points de dérivation sont près des bords du shunt (en AA, fig. 25).

Il faut veiller à ce que les fils des cordons ne cassent pas. Si on doit changer les cordons, en prendre d'autres de même résistance.

Avantages et inconvénients des shunts. — 1° L'emploi des shunts permet de placer l'appareil loin du circuit dont on veut mesurer le cou-

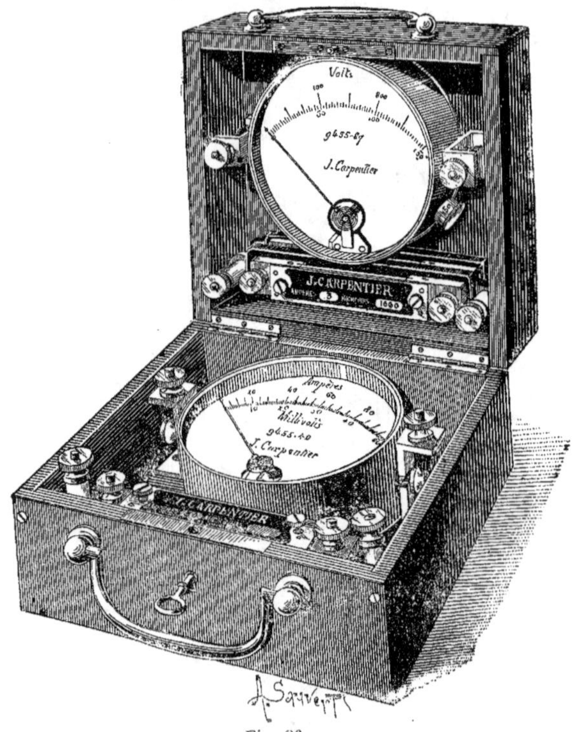

Fig. 26 *a.*

rant. Ceci évite souvent des détours dans les câbles des tableaux, dont les appareils doivent être à la portée de l'électricien surveillant.

2° Un même appareil peut servir avec plusieurs shunts.

3° Grâce à l'emploi de shunts on peut se servir, dans la mesure des courants continus de grandes intensités, d'appareils à cadre mobile (p. 76) parmi lesquels se trouvent les appareils industriels les plus parfaits et, en courants alternatifs, d'appareils thermiques (p. 99), qui ont aussi beaucoup de qualités.

Inconvénients. — 1° Les indications des appareils à shunt dépendent

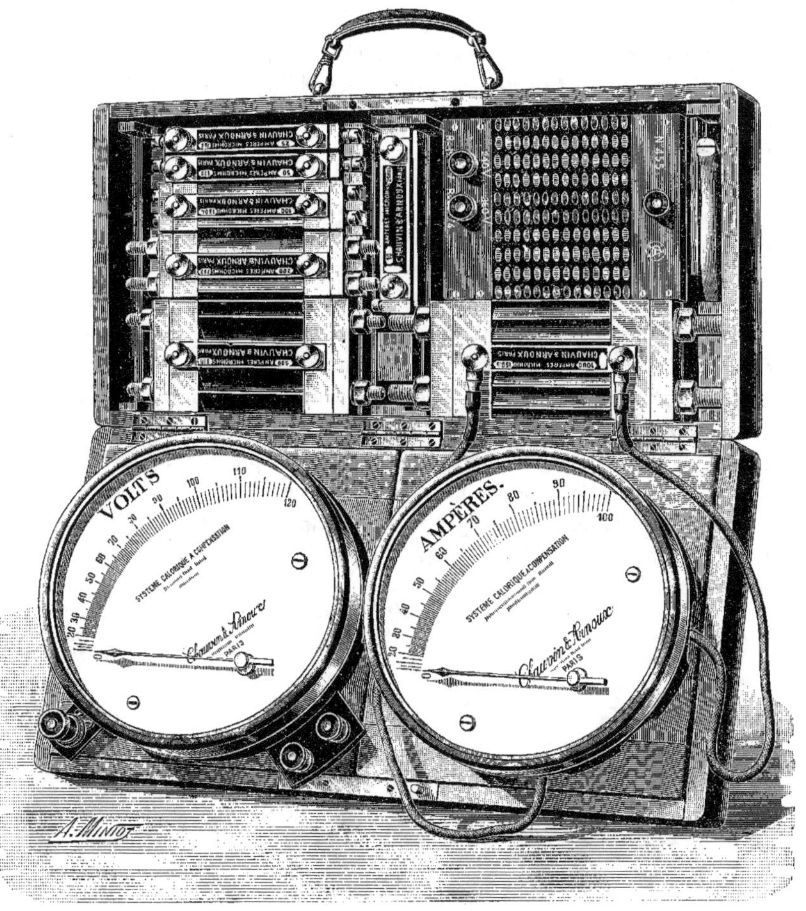

Fig. 26 *b*.

de la température. On a vu, page 15, les moyens de diminuer cette influence ; nous verrons plus loin des moyens de correction.

2° On peut avoir des erreurs provenant du mauvais état des cordons ou de leurs contacts défectueux.

3° Certains shunts donnent naissance à des couples thermo-électriques, surtout s'ils chauffent trop.

Boîtes de contrôle. — Les constructeurs groupent souvent dans une même boîte : un *voltmètre* à plusieurs sensibilités et un ampèremètre à plusieurs shunts. Ces *boîtes de contrôles* sont très commodes pour l'étalonnage des appareils de tableaux.

La figure 26 *a* représente une *boîte de contrôle* industrielle pour courant continu ; la figure 26 *b* représente une *boîte de contrôle,* avec appareils thermiques, pour courants alternatifs.

19. Voltmètres électrostatiques ou électromètres. — Les *électromètres* sont des appareils, qui servent à la mesure de différences de potentiel, et dont les *couples actifs* proviennent *d'actions électrostatiques* entre deux ou plusieurs corps qui se trouvent à des potentiels différents.

Le *couple antagoniste* est en général fourni par la pesanteur, ou la torsion d'un fil ; l'*amortissement*, par l'air, un liquide, des courants de Foucault, ou par des frottements intermittents (p. 19).

Tous les électromètres dérivent plus ou moins directement de *l'électromètre absolu* et de *l'électromètre à quadrant,* dus à lord Kelvin.

Principe de l'électromètre absolu. — On sait que la force *f*, qui

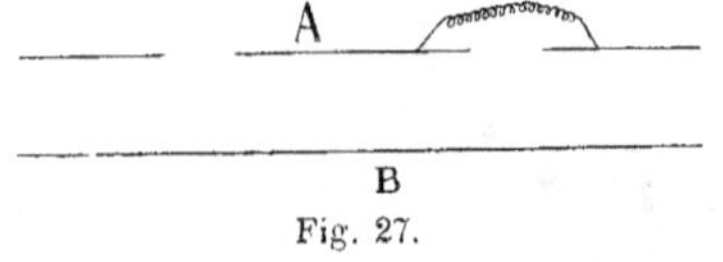

Fig. 27.

s'exerce entre deux plateaux A et B d'un condensateur plan, à anneau de garde (fig. 27), est donnée par

$$(35) \qquad f = \frac{S}{8\pi} \cdot \frac{U^2}{e^2}$$

S étant la surface du plateau à anneau de garde A, *e* la distance entre les deux plateaux et U la différence de potentiel entre eux.

Si le plateau A, par exemple, est mobile, on peut le maintenir dans sa position, soit à l'aide d'un ressort, soit en le suspendant au plateau d'une balance et en mettant des poids suffisants sur l'autre plateau.

Dans les deux cas on peut mesurer f, et la formule (35) nous permet des *mesures absolues* de U.

Appareils industriels de Kelvin. — Ces appareils n'ont pas d'anneau de garde, les plateaux ne sont pas tout à fait plans ; les bords surtout

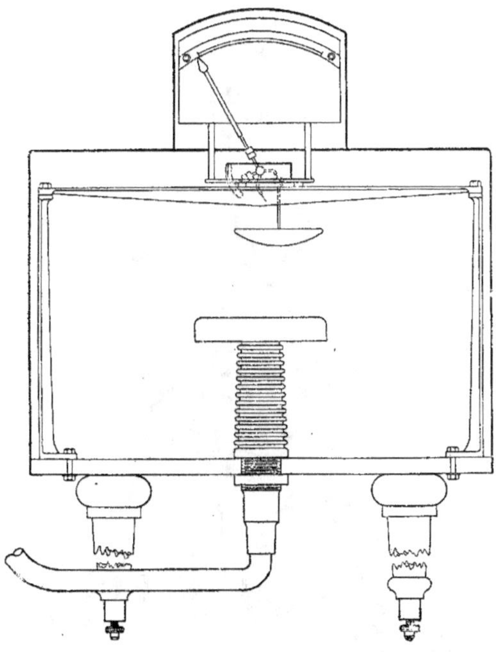

Fig. 28.

sont arrondis (fig. 28). Le plateau fixe est bien isolé. Le plateau mobile tourne autour d'un axe horizontal. L'attraction entre les deux est équilibrée par un poids dont la distance à l'axe de rotation varie. Une aiguille solidaire à ce système, se déplace devant une graduation. Une enveloppe métallique non isolée du plateau mobile protège l'appareil contre les

actions électrostatiques extérieures. Chaque appareil a deux sensibilités.
On change de sensibilité en changeant le poids. On en construit jusqu'à
100 000 volts continus. En courant alternatif on obtient les *volts efficaces*,
mais en général on ne peut pas aller jusqu'au maximum de la graduation à cause des décharges disruptives qui ont lieu entre les plateaux.

Officina Galileo construit un électromètre *Jona*, semblable au précédent, mais dans lequel les plateaux plongent dans l'huile. On peut mesurer avec cet appareil des f. é. m. alternatives supérieures à 100 000 volts.

Electromètre à quadrants. — La partie essentielle de cet appareil,
sous la forme que lui a donnée M. Mascart, se compose de quatre qua-

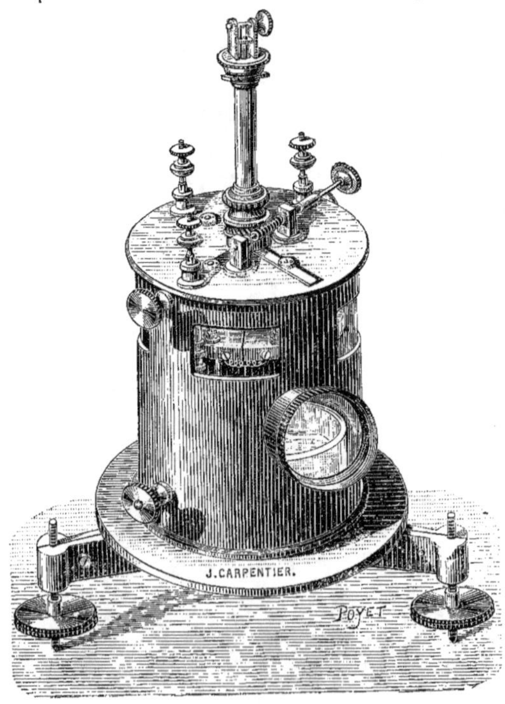

Fig. 29.

drants découpés dans une boîte en laiton ayant la forme d'un cylindre
aplati. A l'intérieur des quadrants se trouve une aiguille en forme de 8

évidé, suspendue par un bifilaire en fil de cocon à un treuil, qui permet
de faire varier sa position (fig. 29). L'aiguille est maintenue à égale distance des deux plateaux. Les quadrants opposés sont réunis par des fils
métalliques.

Un fil de platine, accroché à l'aiguille, porte un miroir, et, à sa partie
inférieure, deux petites traverses en platine qui plongent dans de l'acide
sulfurique. Celui-ci sert à amortir les oscillations de l'aiguille et aussi à
dessécher l'intérieur de l'appareil.

Des dispositifs intéressants permettent de prendre les plus grandes
précautions d'isolement. — L'appareil est entouré d'une enveloppe métallique presque continue pour éviter les actions électrostatiques extérieures.

Principe. — Considérons les quadrants et l'aiguille (fig. 30). Soit

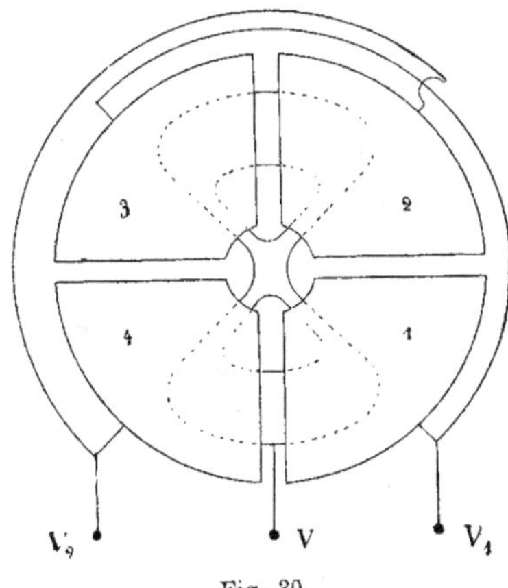

Fig. 30.

V, V_1, V_2 les potentiels de l'aiguille, des quadrants 1 et 3, et des quadrants
2 et 4.

Dans la théorie classique on assimile l'appareil à 2 condensateurs, de
capacités C_1 et C_2, formés respectivement par l'aiguille et les quadrants
1 et 2, et l'aiguille et les quadrants 3 et 4. On suppose les capacités C_1
et C_2 proportionnelles aux surfaces S_1 et S_2 de l'aiguille, couvertes par
les plateaux respectifs.

On a donc

$$C_1 = k\,S_1 \qquad C_2 = k\,S_2$$

d'où

$$dC_1 = k\,d\,S_1 \qquad d\,C_2 = k\,d\,S_2.$$

Lorsque l'aiguille tourne d'un angle $d\alpha$, de 3 vers 2 par exemple, S_1 diminue et S_2 augmente.

Avec une forme appropriée de l'aiguille (par exemple celle de la figure 30) on aura

$$dS_1 = -\,k'd\alpha \qquad dS_2 = +\,k'd\alpha,$$

c'est-à-dire que la surface de l'aiguille couverte par les plateaux 1, 3 diminue de la quantité dont augmente la surface couverte par 2, 4, et ces variations sont proportionnelles à $d\alpha$.

On a donc en définitif :

$$d\,C_1 = -\,K\,d\alpha \qquad d\,C_2 = +\,K\,d\alpha \qquad (K = kk').$$

Les actions électrostatiques donnent naissance à un couple actif, et la torsion des fils à un couple antagoniste. Soit α la déviation de l'aiguille lorsque l'équilibre est établi.

Si α est suffisamment petit le couple antagoniste est $C\alpha$, C étant le couple par unité d'angle.

Pour avoir la formule de l'appareil, nous allons écrire que, pour une rotation *virtuelle* $d\alpha$ de l'aiguille (déplacement compatible avec les liaisons), le travail élémentaire des forces appliquées est nul.

On aura donc :

$$(36) \qquad -\,C\alpha\,d\alpha + d\mathfrak{C} = 0$$

$d\mathfrak{C}$ étant le travail des forces électrostatiques. Le déplacement se faisant à *potentiel* constant, on a

$$d\mathfrak{C} = +\,d\,W$$

$d\mathrm{W}$ étant la variation de l'énergie du système.

Or

$$W = C_1\,(V - V_1)^2 + C_2\,(V - V_2)^2$$

d'où

$$(37)\; d\mathfrak{C} = d\mathrm{W} = dC_1\,(V - V_1)^2 + dC_2\,(V - V_2)^2 = K\,d\alpha\,\big[(V - V_2)^2 - (V - V_1)^2\big]$$

De (36) et (37) on déduit :

$$(38) \qquad \alpha = A \left(V - \frac{V_1 + V_2}{2} \right)(V_1 - V_2) \,(^1)$$

en posant

$$A = \frac{2K}{C}$$

On emploie trois montages (fig. 31) : 1° *Dipositif Kelvin* (*a*). Les points, entre lesquels existe la différence de potentiel à mesurer, sont réunis aux

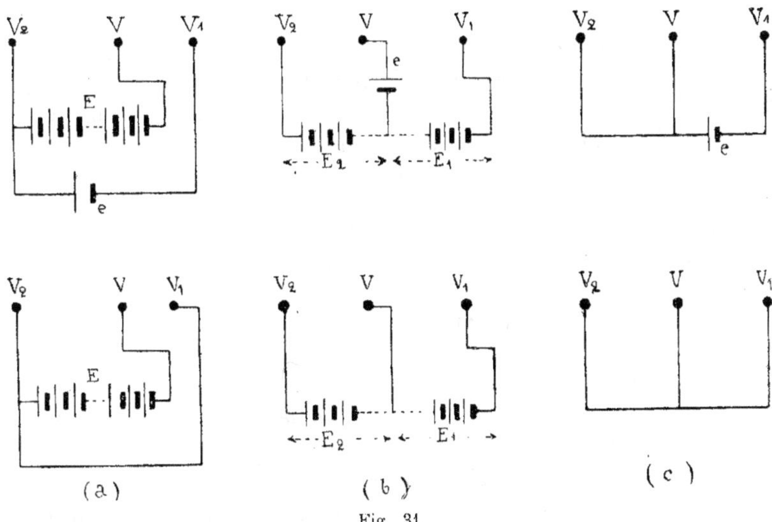

Fig. 31.

deux paires de quadrants, tandis que entre les quadrants (1, 3), par exemple, et l'aiguille se trouve une f. é. m. E très élevée.

La formule (38) devient, dans ce cas,

$$\alpha = A \left(E + \frac{e}{2} \right).e$$

(¹) **M. Gouy** a montré, que la formule (38) est incomplète et qu'il existe aussi un *couple directeur électrique* proportionnel à α et à $(V_1 - V_2)^2$. Si $V_1 - V_2$ ou la déviation sont suffisamment faibles on peut négliger ce dernier couple.

et si $\frac{e}{2}$ est négligeable devant E,

$$\alpha = \mathbf{A}.\mathbf{E}e.$$

Si A et E ne sont pas connues, on peut éliminer A E en faisant une mesure avec une f. é. m. connue e_1. Soit α_1 la déviation obtenue.

On a

$$\alpha_1 = \mathrm{AE}.\,e_1,$$

d'où

$$e = \frac{e_1}{\alpha_1}\,.\,\alpha.$$

$2°$ *Dispositif Mascart* (b), dans lequel les deux paires de quadrants sont réunies aux deux pôles d'une source de f. é. m. élevée E, tandis que les pôles de la f. é. m. à mesurer sont réunis, d'une part à l'aiguille et d'autre part, au milieu de la source auxiliaire.

Si E_1 et E_2 sont les f. é. m. des deux moitiés de piles, on a

$$E_1 + E_2 = E$$

et la formule (38) devient :

$$\alpha = \mathrm{AE}\left(e + \frac{E_2 - E_1}{2}\right).$$

Si $E_1 = E_2$ on a : $\alpha = \mathrm{AE}e$, même formule qu'avant.

Ces deux méthodes sont dite *hétérostatiques*, parce qu'on emploie une source étrangère.

$3°$ *Dispositif de M. Joubert* (*méthode idiostatique*). C'est le montage employé industriellement. On réunit l'aiguille à une paire de quadrants, par exemple (2, 4), par un fil métallique, et on place la f. é. m. entre les deux paires de quadrants (b).

La formule (38) devient : $\alpha = \mathrm{A}e^2$.

Les déviations étant proportionnelles au carré de e, l'appareil donnera pour des f. é. m. alternatives leurs *valeurs efficaces* (p. 37).

Zéro de l'appareil. — La position que prend l'aiguille, lorsque les quadrants sont réunis par des fils conducteurs (*zéro mécanique de l'appareil*), n'est pas toujours la même, dans les dispositifs hétérostatiques, que celle qu'elle prend lorsque, en laissant la source auxiliaire à sa place, on rend $e = 0$ (*zéro électrique*). C'est ce dernier zéro qu'on doit adopter (fig. 31).

APPAREILS INDUSTRIELS. — Dans ces appareils on s'éloigne beaucoup de la forme théorique. On n'a, souvent, qu'une paire de quadrants et même un seul. Le montage employé est équivalent à celui de Joubert ; les indi-

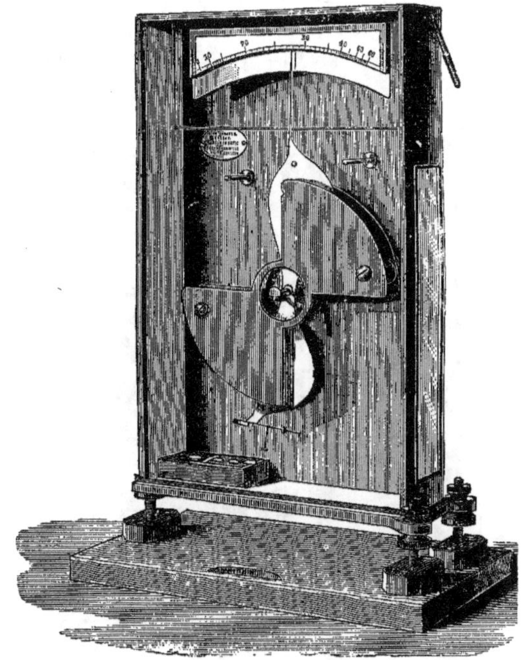

Fig. 32.

cations dépendent donc du carré de la f. é. m. à mesurer et, avec du courant alternatif, du carré de la f. é. m. efficace.

Avantages des électromètres : 1° ils ont une consommation très faible ; en courant continu ils ne sont traversés par aucun courant, en alternatif par un très faible courant de capacité ; — 2° ils ne sont pas influencés par les champs magnétiques ; — 3° leurs indications sont pratiquement indépendantes de la fréquence et de la forme des courants ; on peut donc les étalonner en courant continu et s'en servir en alternatif.

Inconvénients. — 1° Les couples en jeu sont très faibles, donc, dans les appareils à pivots, ceux-ci doivent être faits avec beaucoup de soins ; le plus faible frottement peut fausser les résultats. Dans les appareils à fil de suspension, celui-ci doit être très fin, et l'appareil est d'un maniement délicat ; 2° les électromètres sont sensibles aux champs électrostatiques extérieurs. Pour éviter ces actions, on les enferme dans des cages métalliques, dont les parties en verre doivent être couvertes d'un vernis métallique transparent.

Électromètre vertical de Lord Kelvin ([1]) (fig. 32). — Construit pour des tensions de 500 à 20 000 volts. L'aiguille, montée sur couteaux, est

Fig. 33.

en contact avec la cage et avec une borne ; les quadrants sont reliés à une borne isolée. Le couple antagoniste est fourni par des poids ; en changeant ceux-ci on change la sensibilité. L'amortissement est obtenu, par

---

([1]) Construit par la maison Kelvin et James White et par Siemens et Halske.

frottements intermittents, à l'aide de la manette isolée qu'on voit en haut
et à droite de la figure 32 (voir aussi fig. 8).

Électromètre Meylan ([1]) (fig. 33). — Construit pour des tensions de
3 000 à 15 000 volts. Pour des tensions plus élevées, on emploie un calibre de 4 000 ou 5 000 avec un *réducteur de tension* formé de plusieurs
condensateurs identiques en série ([2]).

L'aiguille est une lame rectangulaire en aluminium. L'appareil com-

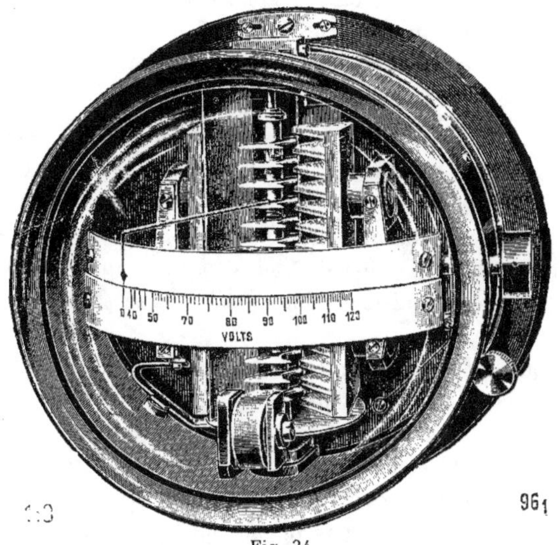

Fig. 34.

porte un seul quadrant taillé de façon à obtenir une échelle proportionnelle. Le couple antagoniste est donné par la pesanteur ; l'amortissement
obtenu par le mouvement d'un volet dans une boîte à air (voir fig. 6).

Électromètres multicellulaires Kelvin. — Pour augmenter la sensi-

---

([1]) Construit par la C^le^ pour la fabrication des Compteurs.

([2]) On monte la tension à mesurer aux bornes de l'ensemble des n condensateurs, et
l'électromètre, de capacité négligeable, aux bornes de n' d'entre eux. Si u est l'indication
de l'électromètre et U la différence de potentiel à mesurer on a :

$$U = \frac{n}{n'} . u.$$

bilité des électromètres on superpose un grand nombre de quadrants, qui forment autant de *cellules*, dans lesquelles se déplacent des aiguilles montées sur un même axe.

La maison Kelvin et James White construit des modèles pouvant mesurer depuis 20 volts. Dans ces appareils l'aiguille est suspendue par un fil métallique très fin, qui donne le couple antagoniste. L'amortissement est celui indiqué par la figure 7.

Dans les modèles construits par Hartmann et Braun (fig. 34) les aiguilles sont montées sur un tube à l'intérieur duquel passe le fil de suspension, ce qui réduit l'encombrement. L'amortissement est obtenu par l'action d'un aimant sur un disque en aluminium.

20. Voltmètres et ampèremètres à cadre mobile. — Ces appareils, dont le premier modèle pratique a été construit par Weston, dérivent du galvanomètre Deprez d'Arsonval. Ils diffèrent des galvanomètres de laboratoire : par la forme des aimants, dont on a cherché à réduire l'encombrement ; par la suspension du cadre (on a remplacé le fil par des pivots et le couple antagoniste est donné par deux ressorts en substance non magnétique [1].

L'amortissement est obtenu en enroulant le fil du cadre sur une bague en cuivre ou en aluminium ; quelquefois le fil se trouve serré entre deux bagues.

La plupart des contructeurs emploient des pièces polaires ; les noyaux en fer doux sont cylindriques, quelquefois sphériques. Le système Meylan d'Arsonval ne contient pas de noyau. Chauvin et Arnoux n'emploient pas de pièces polaires. Les ampèremètres fonctionnent habituellement avec shunt.

C'est dans cette classe qu'on trouve les appareils industriels les plus parfaits.

La figure 35 et le tableau I donnent des indications intéressantes sur quelques voltmètres de tableau [2].

---

[1] Ces susbtances sont des bronzes dont la composition varie avec le constructeur.
[2] Ces appareils ont été construits entre 1902 et 1906 (HEINRICH, *op. cit.*).

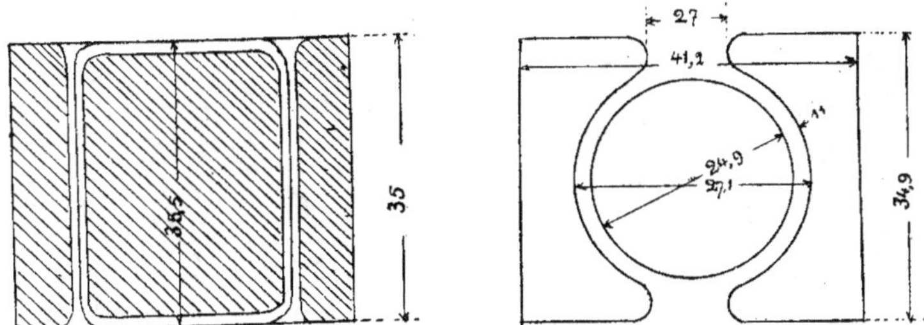

Fig. 35 a. — Appareil Weston.

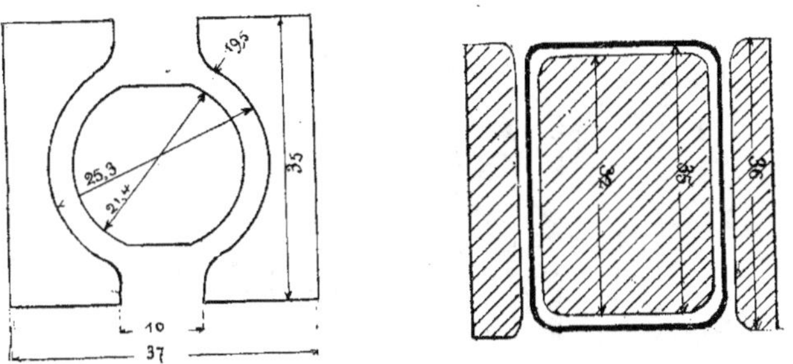

Fig. 35 b. — Appareil Carpentier.

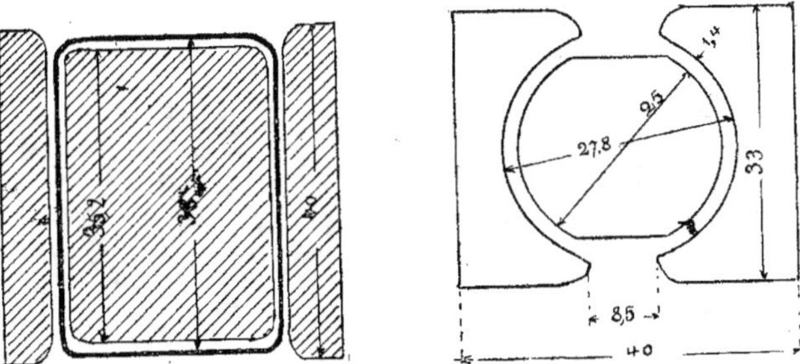

Fig. 35 c. — Appareil Kelvin et White.

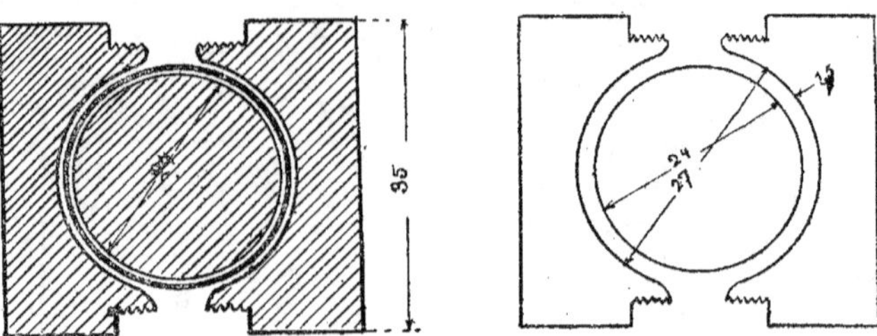

Fig. 35 *d.* — Appareil R. Franke.

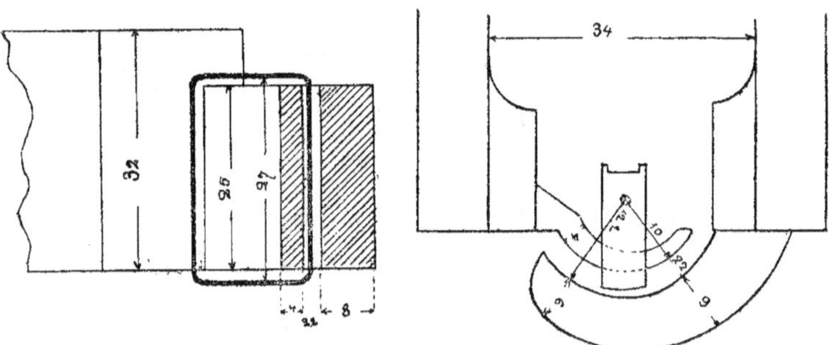

Fig. 35 *e.* — Appareil Meylan.

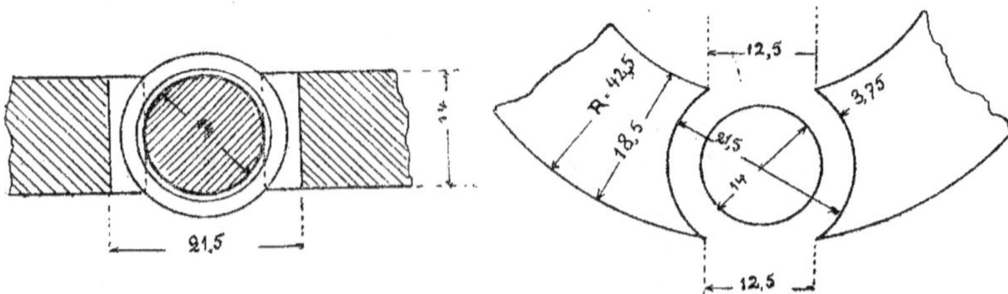

Fig. 35 *f.* — Appareil Chauvin et Arnoux.

TABLEAU I

Constructeurs	Aimant		Entrefer		Cadre			Ampères pour indicat. maximum	Amp.-tours pour indications maximum
	Longueur cm.	Section cm^2	Surface cm^2	Longueur double cm.	Poids grammes		Couple des 2 ressorts en ergs. pour déviation maxim.		
Weston. . . .	33	3,3	11	0,22	1,5		980	0,012	0,72
Carpentier. . .	32	3,0	9	0,4	5,9		825	0,016	0,96
Kelvin et White	28	4,5	12	0,52	2,6		700	0,024	0,86
Dr Franke . . .	29	2,5	8	0,3	2,1		1 300	0,018	0,90
Ch. et Arnoux .	25	2,6	2,7	0,75	3,4		380	0,053	—
Cie des compt. (Meylan) . .	27	3	6	0,22	4,3		930	0,015	1,17

Avec les voltmètres de précision on peut faire des mesures avec une approximation de 0,5 % au 0,8 du maximum de la graduation ; avec les meilleurs ampèremètres l'approximation n'est que de 1 %.

Voltmètres et ampèremètres Weston [1]. — *La Cie des appareils*

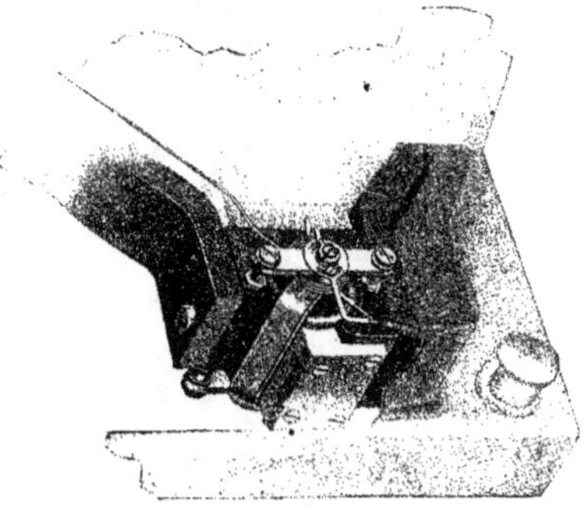

Fig. 36.

Weston construit des appareils très soignés et de grande précision.

La figure 36 représente la partie essentielle d'un voltmètre. L'entrefer simple a une épaisseur de 0,1 cm. Le cadre mobile est formé d'une seule

---

[1] Voir aussi fig. 35 *a* et le tableau I.

couche de fil de 0,05 mm. de diamètre ayant une résistance totale de 65 ohms. Le fil est enroulé sur une carcasse en aluminium ; le poids total de l'équipage mobile est de 1,5 gramme. L'aiguille indicatrice, en forme de lame de couteau, se déplace devant une graduation tracée sur le bord d'une surface polie jouant le rôle de glace (p. 3).

La résistance des voltmètres varie entre 60 et 200 ohms par volt. Le coefficient de température est de l'ordre de 0,1 % pour les appareils de 3 volts. Pour les appareils de calibre supérieur le coefficient de température est négligeable. Un type spécial pour *trois* volts, contenant un cadre de 15 ohms seulement et une résistance totale de 300 ohms, est construit pour avoir un coefficient de température de 0,02 % seulement.

Un *millivoltmètre* de 30 millivolts, ayant une résistance de 1 ohm et un coefficient de température de 0,04 %, et un de 60 millivolts de résistance totale de 2 ohms et de coefficient de température négligeable, servent, soit pour les mesures de très faibles différences de potentiel, soit, avec des shunts appropriés, comme *ampèremètres*.

Les *shunts* sont en « Westonite » métal à coefficient de température négligeable. Les shunts pour tableaux sont construits pour une différence de potentiel de l'ordre de 0,03 volt [1] pour le maximum de courant, les « shunts portatifs » pour une différence de potentiel de l'ordre de 0,06 à 0,07 volt jusqu'à 3 000 ampères, et de 0,03 à 0,04 volt pour les courants allant jusqu'à 10 000 ampères. [2]

La figure 37 donne le schéma d'un appareil intéressant. (La figure 38 représente un appareil semblable, moins complet). L'appareil (fig. 37) se compose d'un voltmètre de précision, qui donne la déviation maxima pour 0,01 ampère dans le cadre. Sur une partie, de 101,9 ohms, de la résistance en série avec le cadre se trouve branché un circuit contenant une pile étalon Weston ($e = 1,019$ volt) en série avec un galvanomètre et un interrupteur. Ce montage sert à vérifier un point de l'appareil.

---

[1] Les shunts ne sont pas ajustés pour servir avec un appareil donné, mais ils contiennent une petite résistance, qui réunit une extrémité du shunt à une des bornes, entre lesquelles on monte le millivoltmètre. C'est cette résistance qu'on règle.

[2] Plus la différence de potentiel maxima aux bornes du shunt est grande plus le millivoltmètre est facile à construire ; mais par contre le poids du shunt et la puissance qu'il consomme sont grands, et son prix plus élevé.

La résistance du voltmètre entre les bornes + et — peut avoir les valeurs principales 150, 200, 300 ohms; on a donc un voltmètre de 1,50

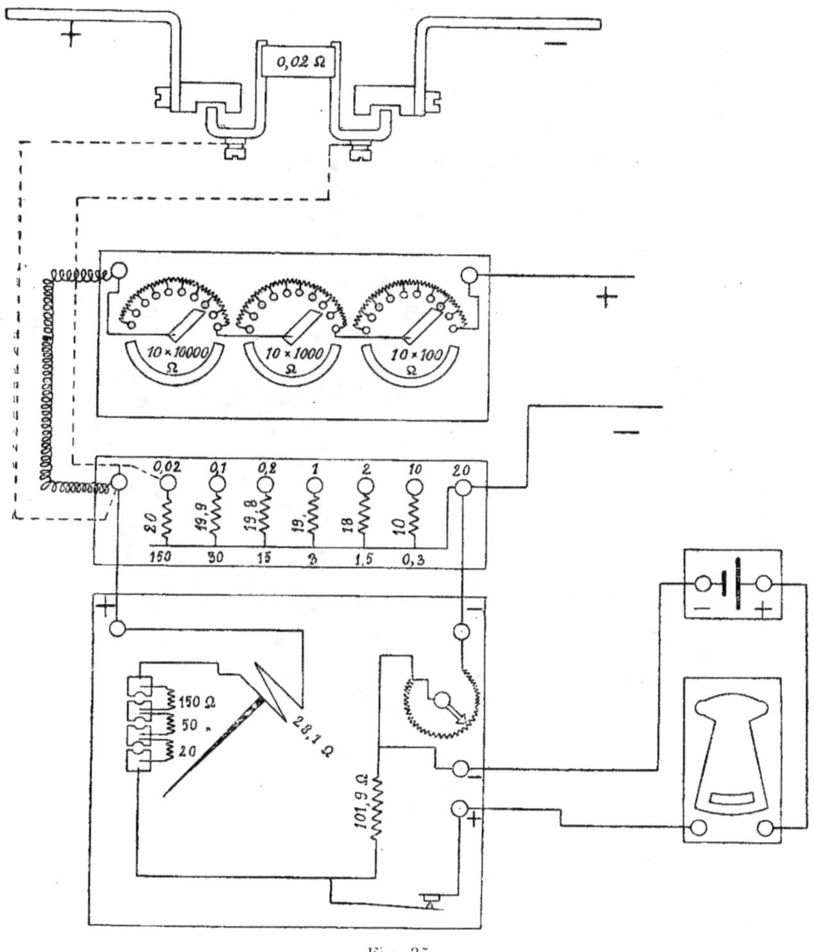

Fig. 37.

(150$^\omega$ × 0^{v},01), 2 et 3 volts. Une boîte à décades, en série avec le voltmètre, a une résistance qui peut varier, de 100 en 100 ohms, depuis

100 jusqu'à 111 000 ohms. Suivant la position des manettes de cette résistance, on peut donc avoir un voltmètre de sensibilité voulue, depuis $1^v,5$ jusqu'à 1 110 volts.

En joignant au même appareil, pour la sensibilité 3 volts, une série

Fig. 38.

de shunts de résistances 20, 10, 2, 1, 0,2, 0,1 et 0,02 ohms, on a un ampèremètre pour 0,15, 0,3, 1,5, 3, 15, 30 et 150 ampères.

Pour avoir dans l'appareil exactement $\frac{1}{100}$ d'ampère pour le maximum du courant marqué sur le shunt, la résistance de l'appareil varie à l'aide d'une résistance additionnelle marquée au milieu de la figure.

On a en effet $i = \frac{s}{s + g} \mathrm{I}$, i étant le courant qui passe dans l'appareil, I le courant total, s et g les résistances du shunt et de l'appareil. Les résistances additionnelles sont calculées de façon à avoir $s + g = 300$ ohms.

On a donc : $i = \frac{s}{300}$ I, quel que soit le shunt employé. Exemple : Avec le shunt 0,02 on emploie le montage de la figure 37, les résistances 20 et 50 (gauche de l'appareil) étant court-circuitées.

Avec le shunt de 2 ohms, par exemple, on fera le même montage en plaçant sur 2, le fil qui se trouve sur 0,02.

Le rhéostat TR sert à corriger l'influence de la température.

Voltmètres et ampèremètres Carpentier [1]. — La figure 39 *a* représente

Fig. 39 *a*.

la vue intérieure d'un appareil à cadre mobile Carpentier ; la figure 39 *b*

[1] La maison Carpentier construit aussi des ampèremètres « Deprez-Carpentier », dans lesquels une palette de fer doux, montée sur pivots et portant une aiguille indicatrice, prend, pour chaque valeur de courant, la direction d'un champ résultant du champ fixe d'un aimant permanent et du champ variable créé par une bobine fixe parcourue par le courant, et dont l'axe fait un angle approprié avec la direction du champ de l'aimant. Ce sont les premiers appareils industriels. Très en vogue à leur apparition on les a dé-

l'équipage mobile avec le cylindre en fer doux ; la figure 39 *c* la vue extérieure ([1]).

Voici quelques données sur des appareils de cette maison. 1° Voltmètres de diamètre extérieur de 12,5 à 18 cm : *Cadre* : carré de 2 cm. de côté ; 150 spires de $0,05^{mm}$ de diamètre en 2 couches, enroulées sur bague de cuivre ; résistance totale 50 ohms ; poids total de l'équipage mobile 2,5 à 3 grammes. Ampèretours pour le maximum de déviation : 1,5. — Ressorts antagonistes en bronze silicieux de résistance totale 0,3 ohm environ. Couple des 2 ressorts : 150 ergs pour une déviation de 90°.

Fig. 39 *b*.

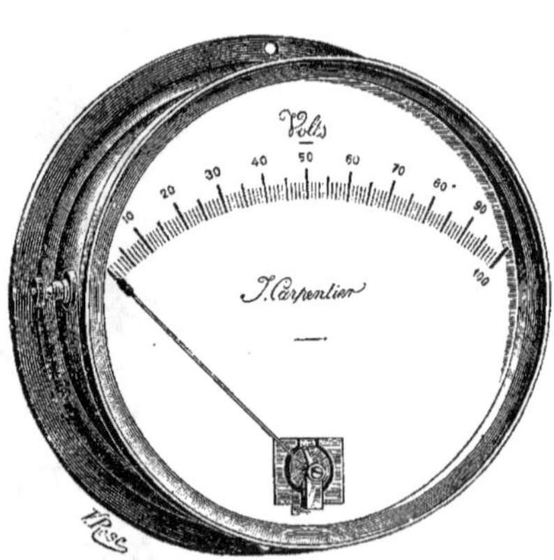

Fig. 39 *c*.

Résistance additionnelle en manganine. Résistance totale du voltmètre 100 ohms par volt. *Entrefer de l'ordre de 0,15 cm.* — Si on fait passer brusquement dans l'appareil le courant maximum, l'équipage s'arrête au bout de 3 oscillations simples d'une durée totale de 1 à 2 secondes.

---

laissés, parce que les ampèretours de la bobine désaimantaient l'aimant. Dans les appareils récents ce défaut est de beaucoup diminué. Ils semblent se répandre de nouveau à cause de leurs qualités : ils sont robustes, prennent rapidement leur position d'équilibre et sont d'un prix peu élevé ; la température n'a pas d'influence sur leurs indications parce qu'ils sont sans shunt, les champs magnétiques extérieurs ont peu d'influence. On en construit jusqu'à 100 ampères. Leur consommation est faible : l'appareil de 100 ampères prend $0^v,06$ pour le maximum du courant. Ils peuvent remplacer avantageusement les appareils à fer doux (p. 109), dans le cas du courant continu.

([1]) Voir aussi la figure 35 *b* et le tableau de la page 79.

2° *Millivoltmètre* pour pyromètres : donne la déviation totale pour 0,6 milliampère (0,984 millivolt aux bornes). Le cadre contient : 4 couches de 17 fils de $\frac{28}{100}$ mm. de diamètre. Poids de l'équipage complet : 4 grammes. Entrefer 2 millimètres.

3° *Millivoltmètres*, employés — avec des shunts appropriés — comme ampèremètres (diamètre 12,5 à 18 centimètres) ; Cadre : carré de 2 centimètres de côté, une couche de 17 fils de $\frac{28}{100}$ mm. de diamètre, de résistance totale 0,3 ohm. Résistance additionnelle en manganine ; résistance des ressorts 0,2 à 0,3 ohm ; résistance totale de l'appareil : 2 ohms, pour une différence de potentiel maximum aux bornes de 0,1 volt. Coefficient de température de l'ordre de 0,15 °/₀ entre 15° et 30° C.

Poids de l'équipage : 3,5 grammes. Entrefer simple : 1,5 millimètres.

4° *Milliampèremètre* pour un maximum de 1 milliampère.

Cadre : 12 couches de 75 spires de fil de $\frac{5}{100}$ mm. Entrefer 2 millimètres. — Poids total de l'équipage 4 grammes.

Les appareils de précision ont leur graduation tracée au bord d'une glace, ce qui permet d'éviter les erreurs de parallaxe.

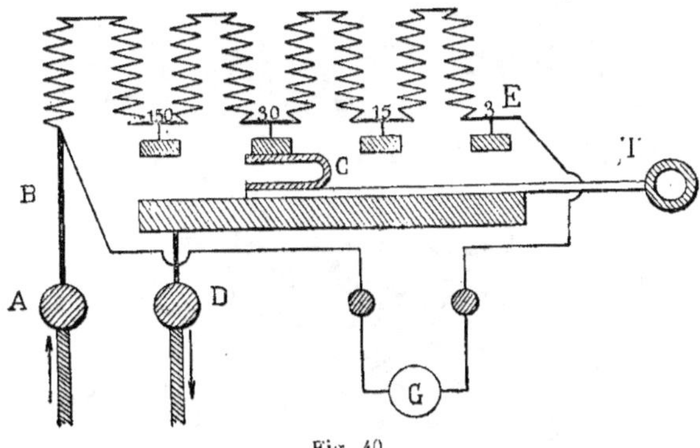

Fig. 40.

La maison construit des appareils à plusieurs sensibilités et des appareils combinés intéressants.

A signaler le shunt multiple (fig. 40) qui remplace 4 shunts de 3, 15,

30 et 150 ampères et qui est une application du shunt universel. Il suffit de placer le contact C sur le plot correspondant pour avoir le shunt voulu.

Voltmètres et Ampèremètres Chauvin et Arnoux (fig. 41 *a, b, c*) [1]. —

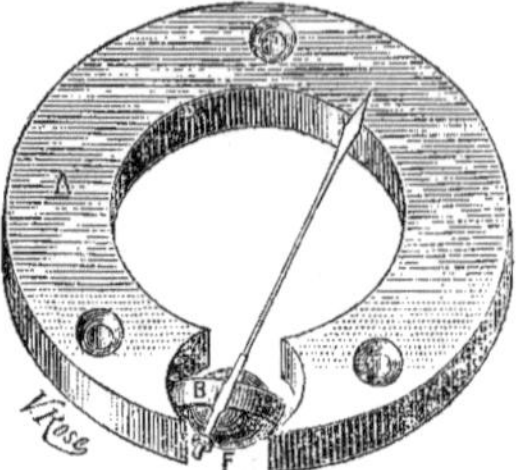

Fig 41 *a*.

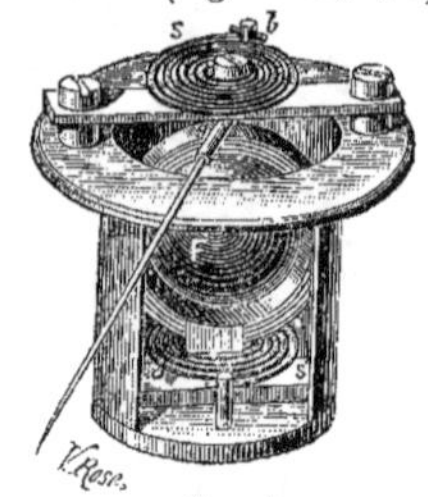

Fig. *b*.

Ces appareils sont caractérisés par la simplicité de leur construction.

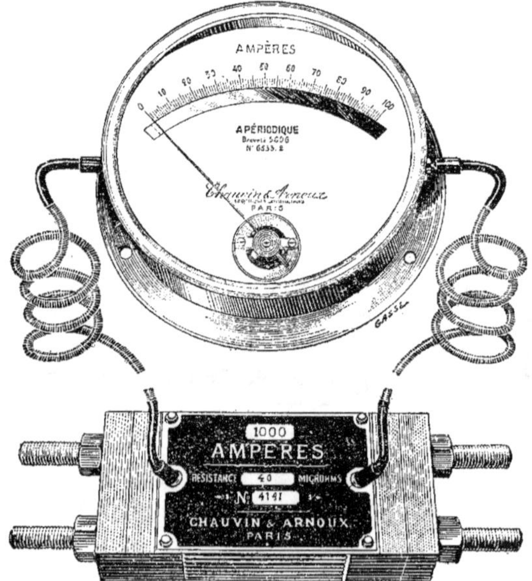

Fig. 41 *c*.

L'aimant a la forme d'un tore, sans pièces polaires rapportées. Le cylindre

______

(1) Voir aussi la figure 35 *f* et le tableau de la page 79.

en fer doux est remplacé par une bille sphérique. Le fil du cadre est serré entre 2 bagues de cuivre de diamètre 1,5 et 1,9 centimètre qui servent à l'amortissement.

Pour les voltmètres le cadre, en fil de diamètre de $\frac{6}{100}$ mm., a une résistance de 80 à 120 ohms et donne le maximum de déviation pour 0,005 ampère environ pour l'appareil normal et 0,001 pour les appareils sensibles ; la résistance additionnelle est en constantan.

Pour les millivoltmètres des ampèremètres, le cadre contient 25 spires, en deux couches de fil de $\frac{4}{10}$ mm. Sa résistance est de 0,3 ohm environ et donne toute la déviation pour 0,05 ampère. La résistance totale de l'appareil est de 0,8 ohm environ.

Dans certains appareils, un dispositif à shunt magnétique réglable permet de corriger l'influence de la température.

Le cadran des voltmètres est divisé en général en 150 divisions égales, celui des ampèremètres en 100 parties.

Les ressorts, en bronzes divers, ont une résistance variant de $0^{\omega},11$ à 1 ohm suivant le cadre employé. — L'entrefer est de 3 millimètres. — Le champ dans l'entrefer : B = 800 gauss environ.

Le couple moyen des deux ressorts est de 250 ergs par radiant.

Poids de l'équipage mobile 2,5 grammes environ.

Les appareils de Siemens et Halske, H et B, Jules Richard, AEG, etc., diffèrent des précédents par des détails de construction.

Voltmètres et ampèremètres Meylau d'Arsonval [1]. — Dans ce système un côté seulement du cadre mobile se trouve dans l'entrefer d'un aimant de forme spéciale (fig. 35 et 42). Il n'y a pas de cylindre en fer doux. L'entrefer a une épaisseur de 2 millimètres environ, et le champ magnétique y est de 1 200 à 1 400 gauss.

Les voltmètres ont une résistance de 100 à 150 ohms par volt.

Les ampèremètres prennent 0,1 volt (0,06 pour les appareils spéciaux) pour la déviation maximum. La résistance du galvanomètre de ces appa-

---

[1] Construits par la Compagnie pour la fabrication des Compteurs. Voir aussi la figure 35 *e* et le tableau de la page 79.

reils est environ de 2 ohms. Les cordons dont la longueur est de
$1^m,50$ ont une résistance de l'ordre de 0,02 ohm.

Les appareils de tableau sont enfermés dans une boîte métallique
triangulaires.

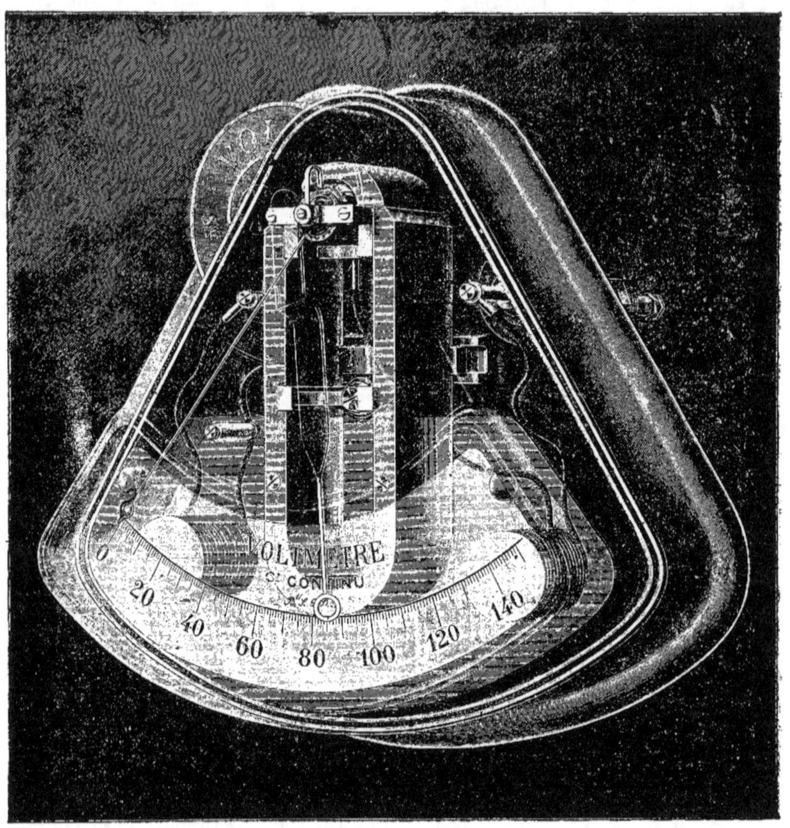

Fig. 42.

21. Electrodynamomètres. — Les électrodynamomètres sont des appareils, dont le couple actif résulte de l'action d'une bobine fixe, parcourue par un courant i, sur une bobine mobile, parcourue par un courant i'.

Le couple antagoniste est donné par la torsion d'un fil (électrodynamomètres à miroir, qui sont des appareils de Laboratoire) ou des ressorts (électrodynamomètres industriels) ou par la pesanteur (électrodynamomètres balances).

Dans les premiers électrodynamomètres industriels on ramenait toujours la bobine mobile dans la même position, par la torsion d'un ressort (*appareils à torsion*) ; l'angle dont on faisait tourner le ressort était proportionnel au *carré* du courant à mesurer. Avec ces appareils l'opération était longue. Ils tendent à disparaître.

Les appareils modernes sont à lecture directe — comme presque tous les appareils industriels.

Principe. Considérons une bobine mobile b, parcourue par un courant constant i' et pouvant tourner autour d'un axe, dans le voisinage d'une bobine fixe B, parcourue par un courant constant i (fig. 43). — La bobine b se

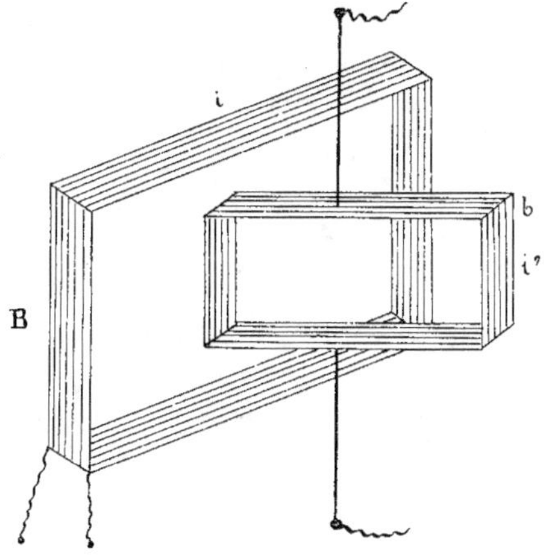

Fig. 43.

trouve dans un champ créé par B et par les aimants et courants voisins (champ terrestre, etc...) Pour une position déterminée son énergie potentielle est, à une constante près : $W = -\mathrm{M}\,ii' - \Phi i'$, M étant le coefficient d'induction mutuelle entre B et b, Φ le flux à travers b provenant des autres champs.

Si α est l'angle que fait le plan de b avec un plan constant, et si on fait varier cet angle de $d\alpha$, W varie de :

$$d\,\text{W} = -\,ii'd\,\text{M} - i'd\Phi.$$

Le travail des forces électromagnétiques, dans ce déplacement, est

$$d\mathcal{E} = -\,d\,\text{W} = ii'd\,\text{M} + i'd\Phi.$$

On aura l'équation d'équilibre de b, en écrivant, que pour le déplacement $d\alpha$, compatible avec les liaisons, on a :

$$-\,\text{C}\alpha d\alpha + d\mathcal{E} = 0,$$

— $\text{C}\alpha d\alpha$ étant le travail du couple de torsion, d'où

$$(39) \qquad \alpha = \frac{1}{\text{C}} \cdot \frac{d\,\text{M}}{d\alpha} \cdot ii' + \frac{1}{\text{C}} \cdot \frac{d\Phi}{d\alpha} \cdot i'.$$

Sur le principe des électrodynamomètres on construit des *voltmètres*, des *ampèremètres*, des *wattmètres* et des *phasemètres*. Nous ne nous occupons dans ce chapitre que des *voltmètres* et des *ampèremètres*.

Dans le cas des voltmètres les deux bobines sont en série, on a donc $i = i' = \dfrac{\text{U}}{g}$ et la formule (39) devient

$$(39') \qquad \alpha = \frac{1}{g^2\text{C}} \cdot \frac{d\,\text{M}}{d\alpha} \cdot \text{U}^2 + \frac{1}{\text{C}} \frac{d\Phi}{\alpha} i'.$$

Dans le cas des *ampèremètres*, les deux bobines sont, dans les appareils modernes, en dérivation ([1]), et on s'arrange pour que les courants i et i' soient proportionnels au courant principal I . On a donc

$$i = k.\text{I} \qquad i' = k'.\text{I}$$

et la formule (39) devient :

$$(39'') \qquad \alpha = \frac{\text{A}}{\text{C}} \cdot \frac{d\,\text{M}}{d\alpha} \cdot \text{I}^2 + \frac{k'}{\text{C}} \cdot \frac{d\Phi}{d\alpha} \cdot i' \ (\text{avec } \text{A} = kk').$$

([1]) Dans les appareils à torsion les bobines sont en série (S et H) ou en dérivation (Carpentier).

Les électrodynamomètres s'emploient surtout pour le courant alternatif : dans ce cas la déviation α sera donnée par :

$$(39_1) \qquad \alpha = \frac{1}{g^2 C} \cdot \frac{dM}{d\alpha} \cdot U^2_{\text{eff}} \,^{(1)}$$

ou

$$(39_2) \qquad \alpha = \frac{A}{C} \cdot \frac{dM}{d\alpha} \cdot I^2_{\text{eff}},$$

la valeur moyenne du couple $k' . \dfrac{d\Phi}{d\alpha} . i'$ étant sensiblement nulle [2].

De ces formules résultent : 1° que si $\dfrac{dM}{d\alpha} = const.$ les divisions de l'échelle seront resserrées au commencement et élargies vers la fin de la graduation (échelle quadratique) et, si $\dfrac{dM}{d\alpha}$ est proportionnel à $\dfrac{1}{\alpha}$, l'échelle sera uniforme ; 2° l'appareil étalonné en courant continu indique — en courant alternatif — la *valeur efficace*, à condition qu'on élimine l'influence du champ magnétique terrestre.

Pour cela il suffit de prendre pour α, la moyenne des déviations obtenues en faisant passer le courant continu, dans l'appareil, dans deux sens contraires. On a, dans le premier cas, pour ($39''$) par exemple :

$$\alpha_1 = k . I^2 + f(\alpha_1) . i'$$

et avec le courant inverse

$$\alpha_2 = k . I^2 - f(\alpha_2) . i'$$

d'où

$$\alpha = \frac{\alpha_1 + \alpha_2}{2} = k\, I^2 \,^{(3)} \left[k = \frac{A}{C} \cdot \frac{dM}{d\alpha} \right]$$

---

(1) Dans cette formule on suppose, que le coefficient de self-induction du circuit des bobines est néglig·able, ce qu'ou cherche toujours à obtenir. Voir aussi page 29.

(2) Ceci suppose que le flux Φ est produit par un champ constant. Les couples produits par les champs alternatifs créés par les conducteurs voisins ne s'éliminent pas (fasci. 20, p. 5).

(3) On suppose k constant; en réalité il est fonction de α, mais α_1 étant très voisin de α_2, k varie très peu.

en négligeant

$$\left[f(\alpha_1) - f(\alpha_2) \right] \cdot \frac{i'}{2} \, (^1).$$

Avantages et inconvénients. — Pour le courant continu, les électro-dynamomètres sont de beaucoup inférieurs aux appareils à cadre mobile :

1° Le champ dans lequel se déplace la bobine mobile est très faible (quelques dizaines de gauss), d'où grande influence des champs extérieurs ;

2° Pour avoir une sensibilité suffisante on est forcé d'employer un grand nombre d'A_t sur les deux bobines. Il résulte des formules (relatives au calcul des bobines, page 9), qu'il est difficile d'avoir un faible coefficient de température et — pour les voltmètres — une résistance suffisamment grande. De même pour les ampèremètres on est forcé d'admettre une grande tension aux bornes de l'appareil. Dans les deux cas on est amené à une forte consommation ; et à un coefficient de température assez élevé, pour les voltmètres à faible voltage.

3° Le prix de ces appareils est plus élevé.

Pour les courants alternatifs ces appareils sont les meilleurs. Ils indiquent les valeurs efficaces et leurs indications sont indépendantes de la fréquence et de la forme des courbes de courant.

Dans leur construction, on ne doit pas employer de grandes masses de métal, pour éviter les courants de Foucault, ni les substances magnétiques, pour éviter les phénomènes d'hystérésis.

Dans leur emploi, on doit les écarter des grandes masses métalliques, des masses de fer et des forts courants.

Les tableaux (^{2}) suivants donnent quelques indications intéressantes :

(^{1}) Ce terme est négligeable parce que $f(\alpha)$ est au plus 1 à 2 $^0/_0$ de kI^2, dans la partie utile, et varie peu avec α; d'autre part α_1 et α_2 sont peu différents.

(^{2}) Extraits de Heinrich, *op. cit.*

Nature de l'appareil et constructeur	Bobine fixe		Bobine mobile				
	At.	d. d. p. aux bornes pour courant maximum (volts)	Poids (1) (grammes)	Couple des ressorts (ergs)	Résistance (ohms) (2)	At	Courant pour indication maximum (amp)
	environ	environ	environ	environ	environ	environ	environ
Amp. HB 1 a. .	180	1,3	4	370	18	200	0,075
» 5 a. .	300	0,5	4	370	18	200	0,03
Amp. Set H 5 a. .	300	2,5	9	390	1,7	40	0,3
Amp. West. 1 a. .	130	1,0	5	295	4	90	0,25
» 5 a. .	240	0,75	5	390	1,5	45	0,5

(1) Dans le poids sont compris : l'aiguille, les ressorts et la partie mobile de l'amortisseur.
(2) Y compris la résistance additionnelle.

Nature de l'appareil et constructeur	Bobine fixe			Bobine mobile					
	N. de sp.	Rés. (ohms)	Coeff. de self (Henrys)	Poids (gr.)	Couple des ressorts (ergs)	Rés. (ohms)	N. d. t.	Courant pour indicat. maxim.	Coeff. de self (Henrys)
	environ	environ	environ	environ		environ	environ	environ	
Volt. HB 150 v	1800	130	0,029	4	390	120	400	0,06	0,0068
» S et H »	1000	45	0,04	9	390	35	300	0,1	5,0045
» Weston »	2000	100	0,03	3,2	295	50	280	0,05	0,0033

Voltmètre Weston. — Dans cet appareil la graduation est presque proportionnelle. On y arrive par une forme et une disposition particu-

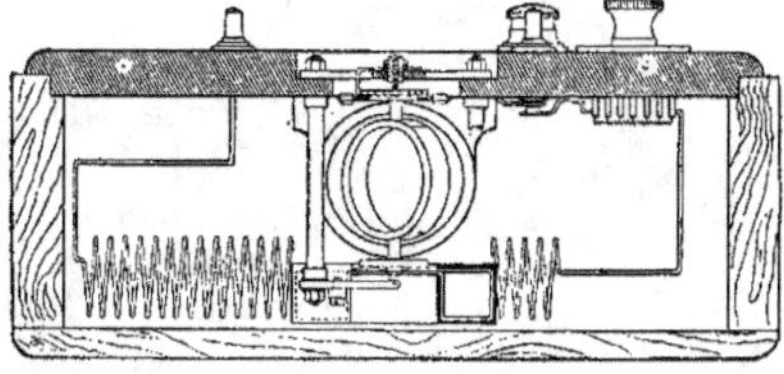

Fig. 44.

lières des bobines. La bobine fixe est composée de deux moitiés en série enroulées en fil de cuivre ; la bobine mobile, en fil d'aluminium, tourne autour d'un axe situé entre les deux bobines fixes. Les trois bobines sont circulaires (fig. 44). Lorsque l'aiguille est au zéro les axes des bobines font un angle de 30 à 40° et la graduation totale correspond à une rotation d'environ 90°.

La résistance totale des bobines est d'environ 100 ohms. Les voltmètres de 7,5 volts ne contiennent aucune résistance additionnelle. La résistance totale des appareils est de 13,3 ohms par volt pour les voltmètres de 30 volts, et de 20 ohms par volt pour les calibres supérieurs.

L'influence de la self-induction n'est sensible que pour les calibres au-dessous de 20 volts. L'amortissement est à air.

L'influence de la température est corrigée par un « régulateur de température » composé d'un thermomètre qui donne la température des bobines et d'une résistance additionnelle réglable. Pour que l'appareil soit exact il suffit de placer la manette du rhéostat sur le plot devant lequel se trouve marquée la température indiquée par le thermomètre.

Électrodynamomètres H et B. — La maison Hartmann et Braun construit des électrodynamomètres à échelles presque proportionnelles.

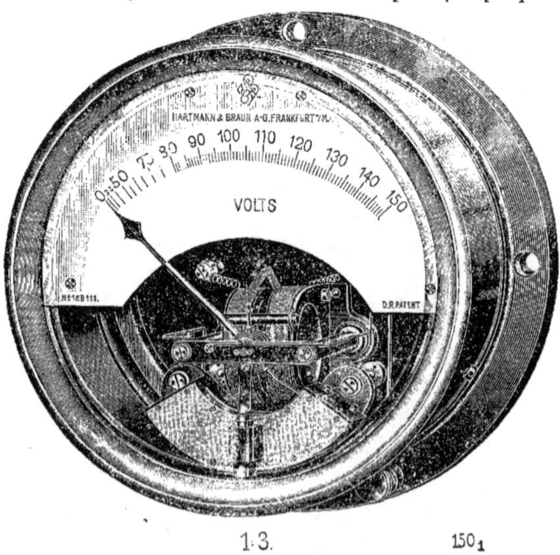

Fig. 45 *a.*

La figure 45, *a* représente un dispositif semblable à celui de Weston.

La figure 45, *b* représente un appareil astatique (indépendant du champ magnétique terrestre) dont l'équipage mobile est composé de deux parties enroulées en sens contraire. L'une des bobines mobiles est soumise à l'action d'une bobine fixe principale et d'une bobine auxiliaire en série avec la précédente. Ce dispositif a pour résultat de renforcer le couple actif pour les faibles courants.

Les ampèremètres, de 1 à 25 ampères, ont une différence de potentiel

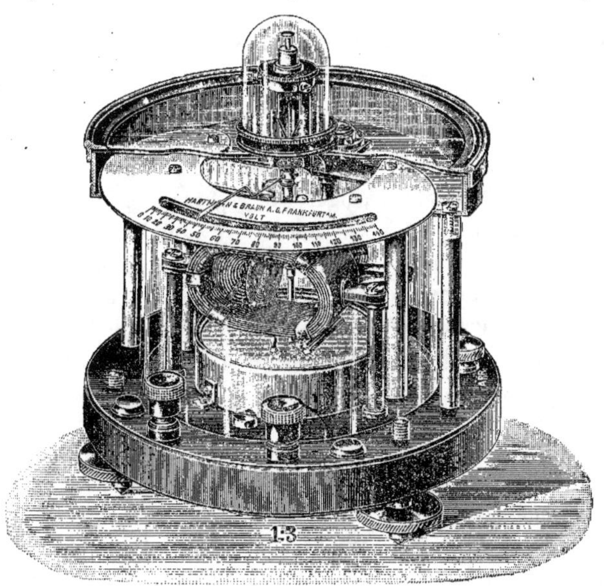

Fig. 45 *b*.

aux bornes de 0,3 volt environ pour le maximum de graduation. Pour les voltmètres, au-dessous de 10 volts, le courant maximum et de 0,18 ampère et diminue lorsque le calibre augmente.

Electrodynamètres S et H.— Dans ces appareils, de construction très soignée, les bobines sont en cuivre. Dans les ampèremètres on ajoute des résistances sans self et sans coefficient de température, en série avec les deux bobines, ce qui diminue le coefficient de self et le coefficient de température de chaque bobine (p. 15 et p. 18). L'amortissement est à air (fig. 5).

Les ampèremètres sont construits jusqu'à 200 ampères ; les voltmètres jusqu'à 750 volts. Résistance des voltmètres : 2 ohms par volt pour les appareils au-dessous de 30 volts ; cette résistance augmente avec le calibre de l'appareil. Pour les appareils de 750 volts on a 33,3 ohms par volt.

22. Electrodynamomètres-Balances. — Les électrodynamomètres-balances ont été construits surtout *comme appareils absolus* ([1]) (Lord Rayleigh, Pellat, Mascart, etc).

Il existe pourtant une très intéressante série d'appareils, étudiés par Lord Kelvin et construits par Kelvin et James White, et qui servent comme étalons industriels. La figure 46 représente la balance « déca-ampère » qui mesure de 1 à 100 ampères. L'équipage mobile se compose de deux bobines à axes verticaux, solidaires, l'ensemble pouvant basculer autour d'un axe horizontal. Ces bobines sont montées en série, enroulées en sens contraire ([2]) et suspendues à la partie fixe à l'aide d'un grand nombre de fils de cuivre très fins, et qui servent en même temps au passage du courant ([2]).

Les bobines fixes, de rayon à peu près double de celui des bobines mobiles, sont au nombre de quatre (une paire de bobines fixes agit sur chacune des bobines mobiles) connectées toutes en série, et en série avec les bobines mobiles.

On sait, que des circuits parcourus par des courants de même sens, s'attirent et ceux, parcourus par des courants de sens contraire, se repoussent. Les connexions des bobines sont établies de façon que leurs

---

([1]) Voir fascicule 7.

([2]) On enroule les bobines mobiles en sens contraire pour former un système astatique, et par conséquent soustrait à l'action du champ magnétique terrestre.

([3]) Dans la balance déca-ampère on a environ 200 fils de 0,1 mm. de diamètre ; ces fils sont très courts et soudés sur 4 demi-cylindres, dont deux sont reliés à la partie fixe et deux à la partie mobile. La faible longueur des fils, leur grande surface de refroidissement et le voisinage immédiat des grandes masses des cylindres font que les fils ne chauffent pas, malgré que la densité maxima du courant est d'environ 5a/mm² de section.

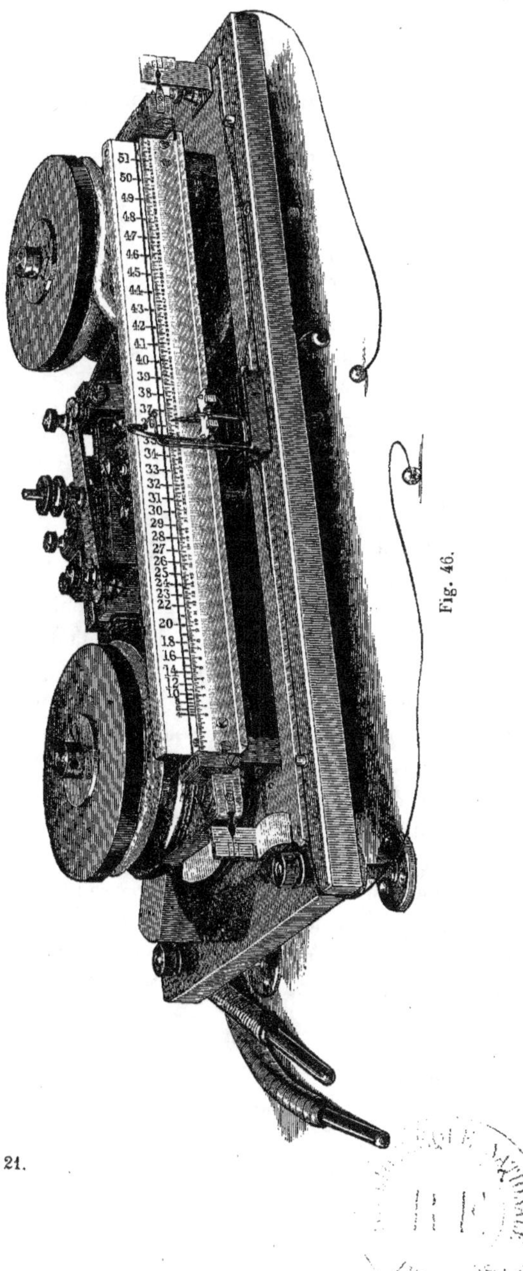

Fig. 46.

actions sur les bobines mobiles s'ajoutent et tendent à faire descendre la bobine de gauche.

L'équipage mobile porte une échelle, graduée en divisions égales, avec le *zéro* à l'extrémité de gauche, sur laquelle se déplace un curseur, qui constitue le premier poids de la balance. Trois poids, 3, 15 et 63 fois plus grands que celui du curseur, peuvent être montés successivement sur celui-ci, l'ensemble constituant des poids 4, 16 ou 64 fois celui du curseur. On obtient ainsi 4 sensibilités (calibres 12,5 ; 25 ; 50 et 100 ampères).

Dans une petite auge, fixée à l'extrémité de droite, on peut placer des poids correspondants aux précédents et qui les équilibrent lorsque le curseur est au zéro (la balance étant réglée).

Une deuxième échelle fixe est graduée en : $2\sqrt{n}$, n étant le nombre de divisions de l'échelle mobile, laquelle porte aussi des petites entailles correspondant aux divisions de l'échelle fixe.

Le glissement du curseur sur la règle mobile est obtenu à l'aide d'un petit pendule, monté sur un chariot, et sur lequel on agit de l'extérieur par l'intermédiaire de deux fils en soie.

L'équipage mobile porte une barrette métallique maintenue par deux vis, et qui supporte deux masses en laiton. En montant ou en descendant ces masses on déplace en hauteur le centre de gravité de l'ensemble, ce qui fait varier la sensibilité de la balance. D'autre part en déplaçant la barrette on déplace latéralement le centre de gravité, dont la position définitive est obtenue à l'aide d'une petite tige, pouvant tourner autour d'un axe vertical. Le mouvement de cette tige est commandé par une petite fourchette.

Enfin deux index latéraux servent à indiquer l'instant de l'équilibre, et un niveau à bulle d'air permet de rendre l'appareil horizontal.

Le *couple actif* est proportionnel au carré du courant, le *couple antagoniste*, donné par un poids mobile, est proportionnel à la distance du poids au zéro, on a donc :

$$(40) \qquad\qquad I = 2k \cdot \sqrt{n},$$

k étant une constante.

L'échelle fixe (et aussi des tables) donnent : $2\sqrt{n}$, quantité qui est la même pour toutes les balances ; tandis que la constante k dépend de l'appareil et du poids (de la sensibilité).

Pour faire une mesure on commence par régler le *zéro*, après avoir vérifié l'horizontalité de l'appareil. Pour cela on amène le curseur devant le zéro de la règle mobile et on déplace latéralement le centre de gravité à l'aide de la barrette métallique jusqu'à ce que les index latéraux soient à peu près aux zéros. On finit le réglage par la tige de laiton.

On fait ensuite passer le courant, après avoir mis le poids et le contrepoids nécessaires, et on déplace le curseur jusqu'à l'équilibre.

On doit régler le zéro à chaque changement de poids et même pendant les mesures, parce que les fils de suspension n'étant pas parfaitement élastiques le centre de gravité se déplace souvent à cause des tirages qu'on exerce sur eux.

On doit choisir le poids de façon que le nombre de divisions lues soit le plus grand possible.

La formule (40) donne en effet

$$\frac{d\mathrm{I}}{\mathrm{I}} = \frac{1}{2}\frac{dn}{n} + \frac{dk}{k}$$

l'erreur relative sera donc d'autant plus faible que n sera plus grand.

L'exactitude moyenne de l'appareil est de l'ordre de 0,1 $^o/_o$. Les autres balances diffèrent de la précédente par quelques détails.

La maison Kelvin et White construit les calibres suivants : balance centi-ampère (de 0,1 à 1 ampère), balance déci-ampère (0,1 à 10 ampères), balance déca-ampère (1 à 100 ampères), balance hecto-ampère (6 à 600 ampères) et balance kilo-ampère (100 à 2500 ampères). Chacun de ces calibres a 4 sensibilités (dans le rapport 1 à 2 à 4 à 8).

La sensibilité $0^a,0125$ de la balance *déci-ampère*, montée en série avec une résistance en manganine ou platinoïde de $(400 - r)$, $(800 - r)$, $(1\,200 - r)$ $(1\,600 - r)$ sert aussi comme voltmètre de 50, 100, 150 et 200 volts (r étant la résistance de la balance, $r = 50$ ohms environ).

Les balances s'emploient surtout en courant alternatif. Pour éviter les courants de Foucault dans les supports, ceux-ci sont en ardoise ou en porcelaine.

23. Voltmètres et ampérimètres thermiques. — *Principe.* — Un appareil thermique se compose essentiellement *d'un fil*, qui s'échauffe par le passage du courant et se dilate, et d'un *système amplificateur* qui augmente l'effet de l'allongement du fil sur la rotation de l'aiguille indicatrice.

On peut établir une relation approximative entre la dilatation dl du fil de longueur l, et le courant I qui le traverse. On a, en effet :

$$l + dl = l\,(1 + \lambda\theta),$$

λ étant le coefficient de dilatation linéaire de la matière du fil, θ l'augmentation de température causée par le passage du courant. On en déduit

$$(41) \qquad\qquad dl = \lambda\theta\,l.$$

D'autre part, en écrivant que, lorsque la température d'équilibre est atteinte, la chaleur Ri^2, produite par l'effet Joule pendant une seconde, est égale à celle perdue par rayonnement, on a la relation approchée :

$$(42) \qquad\qquad \theta = \frac{1}{2\pi^2 J} \cdot \frac{\rho}{\varepsilon r^3}\, I^2\,(^1),$$

ρ étant la résistivité du métal, r le rayon du fil, ε son pouvoir émissif, J l'équivalent mécanique de la calorie.

Des formules (41) et (42) on déduit :

$$(43) \qquad\qquad dl = A \cdot l \cdot I^2,$$

en posant

$$A = \frac{1}{2\pi^2 J} \cdot \frac{\lambda\rho}{\varepsilon r^3}.$$

L'allongement du fil est donc — approximativement — proportionnel au carré du courant s'il est continu. Si le courant est variable, la chaleur produite par effet Joule est proportionnelle au carré de la valeur efficace du courant ; on devra donc dans la formule (43) remplacer I^2 par I^2_{eff}.

L'allongement dl étant toujours très faible, on doit l'amplifier beau-

---

(^{1}) JOUBERT. — *Traité élémentaire d'électricité*, éd IV, p. 159.

coup ; les divers instruments diffèrent surtout par les artifices employés dans ce but.

Dans le premier appareil de ce genre (voltmètre Cardew) on emploie des engrenages.

Quelques constructeurs (Hartmann et Braun, Carpentier, Cie pour la fabrication des compteurs) emploient, plus ou moins directement, l'artifice qui consiste à fixer les deux extrémités du fil et à utiliser la *flèche* qu'il prend lorsqu'il se dilate ([1]).

Soit (fig. 47) ([2]) ADB le fil actif de longueur l, supposé tiré en son milieu dans la direction CD, et soit α l'angle que fait AD avec AC.

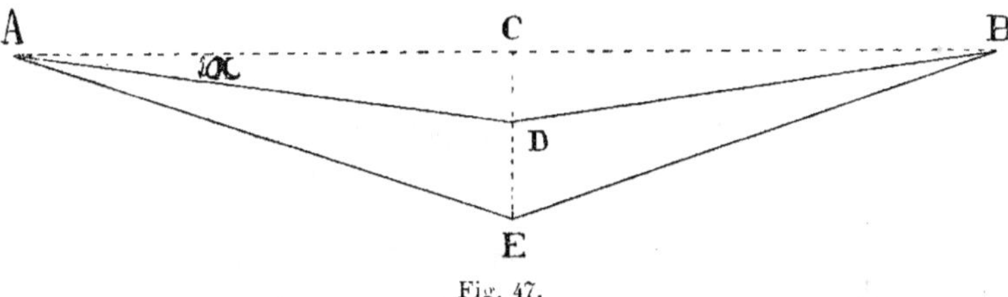

Fig. 47.

Lorsque le fil se dilate, il prend la position AEB. Sa longueur devient $(l + dl)$ et la flèche CD $= f$ varie de $\Delta f = \overline{DE}$. Or le triangle ADE donne

$$\overline{AE}^2 = \overline{AD}^2 + \overline{DE}^2 - 2\,\overline{AD}\cdot\overline{DE}\cos\overline{ADE}$$

d'où

$$\left(\frac{l + dl}{2}\right)^2 = \left(\frac{l}{2}\right)^2 + \Delta f^2 + l\cdot\Delta f\cdot\sin\alpha$$

d'où, en négligeant dl^2 devant $2\,l\,dl$:

$$(44) \qquad 2\,\Delta f\,(\Delta f + l\sin\alpha) = l\,dl = A\cdot l^2\cdot I^2_{\text{eff}}\ ([3])$$

[en tenant compte de (43)].

([1]) Ce moyen indiqué par Ayrton et Perry a été employé, pratiquement, d'abord par H et B.

([2]) Voir aussi figure 54.

([3]) Avec du courant continu on remplacera I^2_{eff} par I^2.

De cette formule il résulte que, si $l \sin \alpha$ est nul ou négligeable devant Δf, celui-ci est approximativement proportionnel à I_{eff}, et, qu'en tout cas, lorsque Δf croît, il tend à devenir proportionnel à I_{eff}.

On voit donc que dans les appareils, dans lesquels on utilise la variation de la flèche, on aura une graduation qui se rapprochera davantage de la graduation proportionnelle, que dans ceux où on emploie directement l'allongement (Cardew), et d'autant plus que la flèche initiale est plus faible.

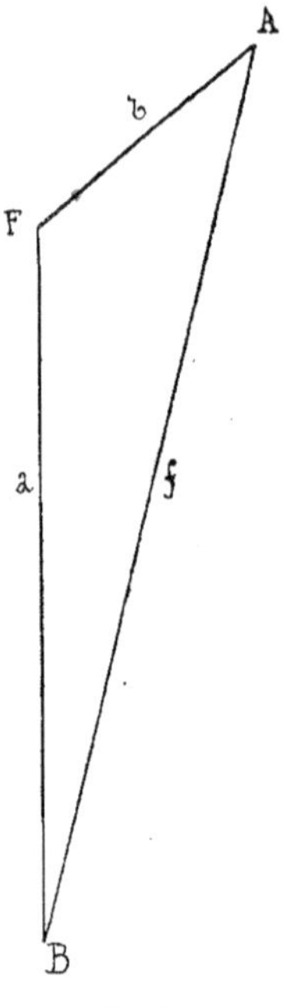

La formule (44) peut s'écrire encore sous la forme :

$$(44') \qquad \Delta f = \frac{l}{2(\Delta f + l \sin \alpha)} \cdot dl \; (^1),$$

d'où l'on voit que l'amplification sera d'autant plus grande que Δf sera plus faible, que la flèche initiale, $f = l \sin \alpha$, sera plus petite, et que le fil l sera plus long.

La maison Chauvin et Arnoux emploie un artifice qui s'appuie sur le principe suivant : soit AB le fil actif, B et F deux points fixes et AF une droite qui tourne (fig. 48).

On a

$$f^2 = a^2 + b^2 - 2ab \cos F \; ;$$

si f varie de df, l'angle F varie de dF, et on a, en dérivant,

$$dF = \frac{f}{ab \sin F} \cdot df.$$

Fig. 48.

Le *facteur amplificateur* $\dfrac{f}{ab \sin F}$ est donc d'autant plus grand que $\hat{F}$ se rapproche de 180°, et que b est plus petit.

Avantages et inconvénients. — Les avantages des appareils ther-

---

(^{1}) Le coefficient $\dfrac{l}{2(\Delta f + l \sin \alpha)}$ peut être appelé *facteur amplificateur*.

miques sont : 1° ils peuvent être étalonnés avec du courant continu et employés ensuite avec du courant alternatif dont ils indiquent les valeurs efficaces ; 2° leurs indications sont indépendantes de la fréquence et de la forme du courant ; 3° ils ne sont pas influencés par les champs magnétiques ; 4° les ampèremètres peuvent s'employer avec des shunts.

Les inconvénients, assez grands, sont : 1° ces appareils sont influencés par la température du milieu (¹). Pour diminuer cette influence les constructeurs donnent habituellement au support un coefficient de dilatation sensiblement égal à celui du fil. Cette correction est insuffisante, parce que le support ayant une masse beaucoup plus grande que le fil s'échauffe plus lentement ; 2° les fils étant chauds pour le courant normal, il suffit d'un faible échauffement accidentel pour le brûler (²). On introduit quelquefois un fusible dans l'appareil, mais ces fusibles sont souvent insuffisants ou fondent trop vite ; 3° les échauffements et refroidissements successifs du fil transforment petit à petit son état moléculaire : il faut donc réétalonner souvent ces appareils ; 4° pour les motifs

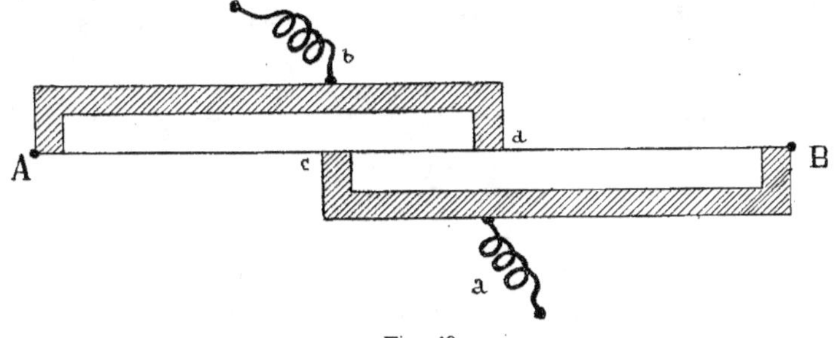

Fig. 49.

1° et 3° le *zéro* change souvent. Les constructeurs prévoient toujours un moyen de ramener l'aiguille au zéro. Par exemple dans les figures 53 et 54 on voit à gauche un système qui permet de faire varier la tension du fil actif, donc la position de l'aiguille ; 5° l'aiguille prend lentement sa po-

---

(¹) Ce qui intervient en effet dans leur théorie, c'est la dilatation du fil par rapport au support.

(²) On admet en général que le fil peut supporter le double du courant correspondant au maximum de graduation, mais quelquefois le fil casse pour un courant de beaucoup plus faible.

sition d'équilibre, à cause de l'inertie calorique du fil actif ; 6° la consommation des appareils thermiques est relativement grande (p. 7). Pour la réduire le plus possible on doit employer. pour les voltmètres. un fil *fin*, pour lequel $(\lambda_i \rho)$ soit grand (voir formule 43, p. 100) ; pour les ampèremètres on emploie souvent un artifice, qui consiste à faire entrer et sortir le courant dans le fil actif par plusieurs points ; au point de vue électrique le fil est ainsi partagé en plusieurs brins en parallèle. (Trois brins dans la fig. 49). Ceci permet d'avoir un fil de section assez faible (donc une faible inertie calorique) et nécessitant pourtant une faible différence de potentiel pour son échauffement. Par contre la résistance électrique entre les points a et b est faible (de l'ordre de 0,02 à 0,04 ohm). Si l'appareil est monté avec shunt extérieur, les cordons devront avoir une très faible résistance et les contacts devront être très bien soignés.

Malgré leurs inconvénients les appareils thermiques sont très employés en courant alternatif, à cause surtout de leurs avantages 3° et 4°, que n'ont pas les autres appareils à courant alternatif et à cause de leur prix peu élevé.

Voltmètre Richard. — Dans cet appareil le fil très long (¹) passe sur

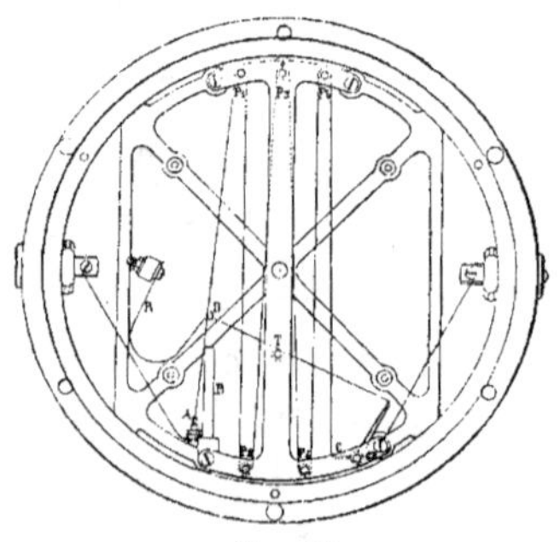

Fig. 50.

plusieurs poulies $P_1P_2P_3P_4P_5$ (fig. 50). L'une des extrémités est fixé en A

(¹) Le fil étant long dl est relativement grand. On emploie en plus une amplification par levier.

à un système appelé *compensateur*, formé de deux métaux à coefficients de dilatation différents (zinc et acier au nickel dit acier Guillaume), dont le rôle est de rendre les indications de l'appareil indépendantes de la température. Ce compensateur est réglé de l'extérieur à l'aide d'une vis qui sert aussi à ramener l'aiguille au zéro.

L'autre extrémité du fil actif aboutit à l'extrémité C du petit bras d'un levier dont le grand bras commande un fil. Ce fil, après avoir fait un tour sur un tambour T portant l'aiguille indicatrice, est attaché à un ressort qui le maintient tendu.

Le voltmètre Richard consomme 0,2 ampère environ.

On en construit jusqu'à 750 volts. Pour les tensions supérieures on

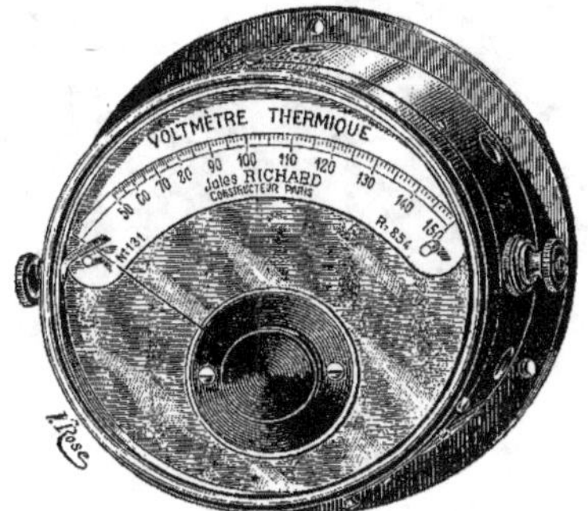

Fig. 51.

emploie des transformateurs de tension (voir fascicule 22). La figure 51 donne une vue extérieure de l'appareil.

Appareils H et B. — Ce sont les premiers appareils vraiment industriels et jusqu'à ces jours les plus répandus (fig. 52).

Le fil actif, de 16 centimètres environ de long, est en platine-argent ; une extrémité est fixe, l'autre reliée à un système qui permet de régler le zéro de l'extérieur en faisant tourner une vis (fig. 53). Au milieu du fil actif est soudé un deuxième fil métallique, de 10 centimètres environ, dont l'autre extrémité est fixe. Sur ce fil est fixé un 3e en cocon, lequel après avoir fait un tour sur un tambour portant l'aiguille indicatrice, est attaché à un ressort qui le maintient tendu.

Lorsque le courant passe dans le fil actif, celui-ci prend une flèche, le 2ᵉ fil en prend aussi une et l'aiguille tourne d'un angle proportionnel à la dernière flèche. L'amortissement est obtenu par l'action d'un aimant permanant sur un disque en aluminium. Pour diminuer la consomma-

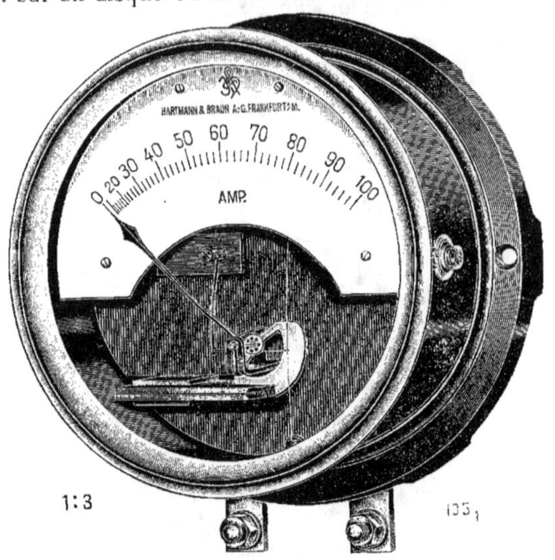

Fig. 52.

tion des ampèremètres on emploie à partir de 5 ampères, un artifice analogue à celui de la figure 49.

L'ampèremètre, sans shunt, prend environ 5 ampères. Les shunts sont

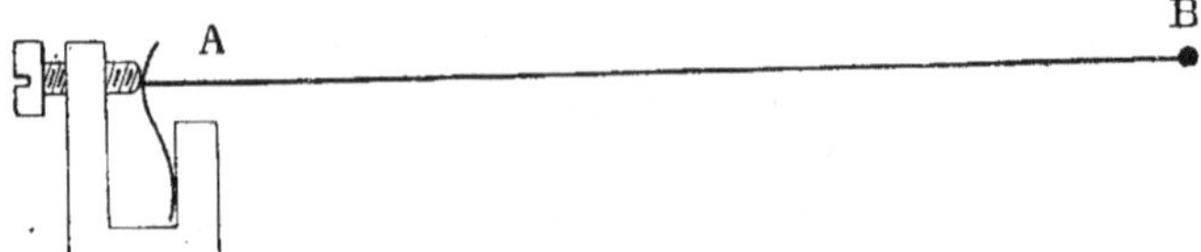

Fig. 53.

à l'intérieur de l'appareil jusqu'au calibre 100 ampères, au-dessus on emploie des shunts séparés. Au-dessus de 5 ampères la chute de tension maxima est de 0,2 à 0,3 volt. Les voltmètres consomment environ 0,2 ampère pour le maximum de la graduation.

Appareils Carpentier. — Dans ces appareils le déplacement de l'aiguille est proportionnel à la flèche du fil actif. (La figure 54 donne une
vue intérieure, [la figure 54 *a* donne une vue extérieure). Le fil actif

Fig. 54.

.est, dans les voltmètres, en platine-argent de 0,06 mm. de diamètre
pour les appareils de tableau, et en ferro-nickel de 0,12 mm. de diamètre
pour les appareils transportables. Il a une résistance de l'ordre de
10 ohms et consomme au maximum 0,15 et 0,17 ampère (1 à 2 volts
aux bornes). La résistance additionnelle ne chauffe pas.

Les ampèremètres, à partir de 7 ampères, ont un fil actif en bronze
siliceux de 0,3 mm. de diamètre. Le courant y arrive comme l'indique

la figure 49 : au point de vue électrique on a donc 3 brins en parallèle ; l'ensemble demande un courant maximum de 7 ampères.

Les shunts sont, de préférence, indépendants. Tension maximum aux bornes des shunts : 0,1 volt.

Fig. 54 a.

Pour les calibres au-dessous de 7 ampères le diamètre et la nature du fil actif dépendent du courant maximum.

Appareils Chauvin et Arnoux. — La figure 55 ([1]) indique la disposition générale de ces appareils. Pour diminuer l'influence de la température le fil dilatable est monté sur un *compensateur de température*, réalisé de la façon suivante : plusieurs fils isolés, de même nature et de même section que le fil actif, sont fixés d'une part au bâti du système et d'autre part à l'extrémité d'un levier articulé en son milieu, dont l'autre extrémité est sollicitée par un ressort à boudin qui tend fortement le faisceau de fils. Parallèlement à ce faisceau est tendu le fil actif. Ce fil est fixé d'une part au levier et d'autre part à l'extrémité d'un système amplificateur

---

([1]) Voir aussi figure 26 *b*.

dont on a indiqué le principe p. 102, et qui commande l'axe de l'aiguille indicatrice au moyen d'un fil de cocon tendu par un ressort.

La variation de la température ambiante agit de la même façon sur le fil actif et sur les fils compensateurs. Elle ne produit donc aucun déplacement de l'aiguille. Les fils compensateurs ayant, d'autre part, la même masse et le même coefficient de dilatation que le fil actif, l'équilibre thermique existe toujours.

Dans ces appareils le fil actif est en acier-nickel ou platine-argent, de diamètre de $\frac{12}{100}$ à $\frac{30}{100}$ millimètre. La température maxima du fil actif est, d'après le constructeur, de 50°,C. Le fil du voltmètre consomme 0,1 à 0,15 ampère. La différence de potentiel aux bornes des ampèremètres est de 0ᵛ,15 à 0ᵛ,2. Le fil des voltmètres brûle à 1ᵃ,5 (10 fois le courant maximum) et celui des ampèremètres à 11ᵃ,2 (pour 2 fils en parallèle) environ 4 fois le courant maximum.

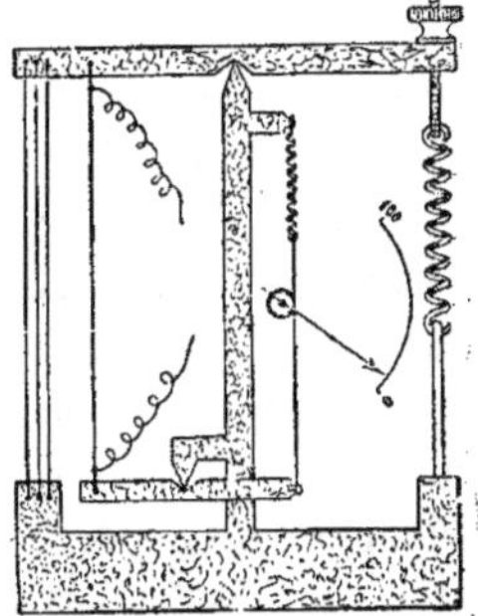

Fig. 55.

24. Appareils à fer doux. — Il existe un grand nombre d'appareils, de formes très variées, dans lesquels le couple actif est obtenu par l'action d'une bobine fixe, parcourue par un courant, sur une pièce en fer doux faisant partie de l'équipage mobile et aimantée par ce courant, ou, par l'action qui s'exerce entre des pièces fixes et des pièces mobiles en fer doux, aimantées par une bobine parcourue par le courant. Le couple antagoniste est donné par la tension d'un ressort ou par la pesanteur. L'amortissement est presque nul dans les appareils très bon marché ; dans les bons appareils on a un amortissement par l'air (figures 5 et 6).

Les bobines des voltmètres sont en fil fin. Celles des ampèremètres en fil approprié au courant : tout le courant à mesurer passe dans la bobine.

Ces appareils sont très répandus à cause de leur robustesse et de leur simplicité, et, pour la plupart, à cause de leur prix peu élevé.

Ils ont un certain nombre d'inconvénients, qui sont exagérés dans les appareils bon marché, et beaucoup atténués dans ceux construits avec soin et qui rendent de grands services comme appareils de tableau.

Inconvénients. — 1° *Influence de l'hystérésis du fer.* Le couple actif dépend du courant dans le fil de la bobine et de l'induction dans le fer. Lorsque la bobine est parcourue par un courant continu, l'aimantation du fer ne sera pas la même, pour la même intensité, suivant qu'on l'aura obtenue par valeurs croissantes ou décroissantes (hystérésis), et l'indication de l'appareil sera différente. Pour diminuer l'effet de l'hystérésis on emploie de faibles masses de fer ou, au contraire, des masses relativement grandes mais faiblement aimantées. En courant alternatif, les courants de Foucault peuvent aussi intervenir.

2° Ces appareils, employés en courant alternatif, sont plus ou moins influencés par la forme des courants. Lorsque le fer est peu saturé, l'induction est à peu près proportionnelle à l'intensité et le couple actif est à peu près proportionnel au carré de celle-ci, ou au carré de sa *valeur efficace* pour le courant alternatif. Au contraire pour les appareils à fer saturé l'induction du fer est presque contante et les indications dépendent de l'intensité moyenne. Pour avoir un appareil qui dépende peu de la forme du courant, il faut donc que le fer soit peu saturé.

Dans les voltmètres, la self-induction de la bobine intervient aussi (p. 17) et en général il est difficile de la rendre faible à cause du grand nombre d'ampèretours que demande le fonctionnement de l'appareil (de l'ordre de 200 à 1 000 ampèretours). Les voltmètres dépendent donc, plus que les ampèremètres, de la forme de la courbe et aussi de la fréquence. On les construit habituellement pour une fréquence déterminée et il est bon de les étalonner avec une courbe de même forme que celle avec laquelle ils vont servir.

3° Ces appareils sont très influencés par les champs magnétiques extérieurs, fixes ou variables, parce que le champ créé par la bobine est faible. Il conviendrait donc d'étalonner chaque appareil une fois monté sur le tableau et de l'écarter des masses de fer et des conducteurs parcourus par des forts courants (¹). On les enferme souvent dans des boîtiers en fonte, qui forment écran.

(¹) H. et B. conseillent d'écarter les appareils à 50 centimètres des conducteurs parcourus par un courant de 1 000 ampères.

Voltmètres et ampèremètres Meylau d'Arsonval ([1]) (fig. 56 et fig. 2).
— Dans ces appareils une bobine B, parcourue par le courant à mesurer
ou un courant proportionnel à la différence de potentiel à mesurer, attire,
suivant son axe, un petit noyau en fer doux F, dont le mouvement est
transmis à l'aiguille indicatrice par un levier L. Le couple antagoniste est
donné par un poids P ; l'amortissement par un volet métallique qui se

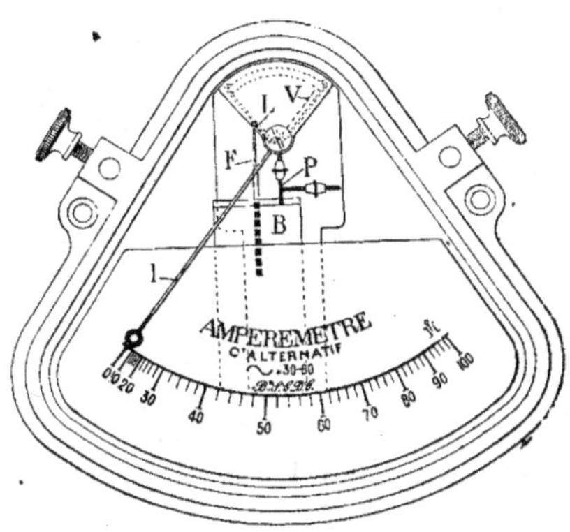

Fig. 56.

déplace dans une boîte fermée. Cette boîte sert aussi à supporter l'équipage mobile.

L'appareil doit être placé verticalement et de façon que, sans courant,
l'aiguille soit au zéro.

Dans les appareils à courant continu le fer est saturé à partir d'une
faible valeur des courants. Dans ceux pour courants alternatifs, au contraire, le fer n'est pas saturé. On peut donc étalonner l'appareil en courant continu et s'en servir en alternatif (avec une aprroximation de 1 %
d'après le constructeur — à condition qu'en continu on opère par valeurs
croissantes du courant). D'après le constructeur les ampèremètres seraient indépendants de la forme des courants et de la fréquence. Les
voltmètres le seraient aussi entre 25 et 60 périodes par seconde. — Le
courant absorbé par les voltmètres, pour l'indication maximum, est de

---

([1]) Construits par la Compagnie pour la fabrication des compteurs.

0,03 ampère, le coefficient de température de l'ordre de 0,001 par degré. Les ampèremètres sont construits depuis 2 jusqu'à 1 500 ampères ; les voltmètres depuis 50 jusqu'à 600 volts.

Pour les voltages supérieurs on emploie des transformateurs de tension. On emploie aussi des transformateurs d'intensité pour la mesure des forts courants (voir fasc. 22).

Appareils S et H. — Dans ces appareils le fer mobile est une plaque de forme appropriée. La bobine a une fente qui laisse passer le fer (fig. 57 *a* et *b*). Le couple antagoniste est donné par la pesanteur de la

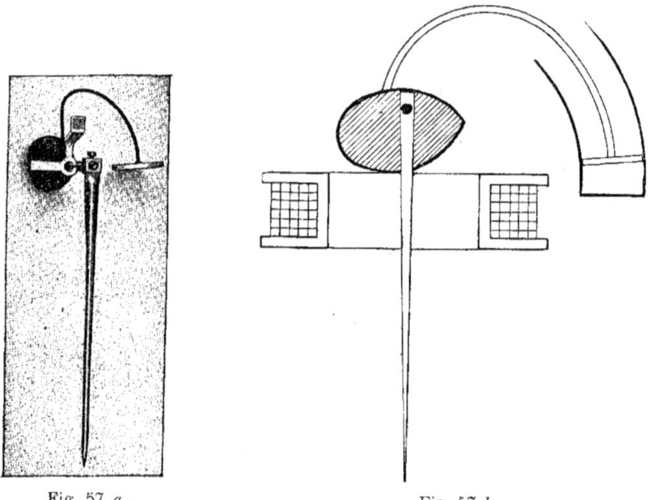

Fig. 57 a.   Fig. 57 b.

pièce mobile. L'amortissement est à air (fig. 5). La bobine est enveloppée par une pièce en fer doux qui forme écran contre les actions magnétiques extérieures. La figure 57 *c* donne la vue intérieure d'un voltmètre. — La figure 57 *d*, la vue extérieure d'un ampèremètre.

Appareils H et B. — La partie intéressante de ces appareils est donnée par la figure 58.

A l'intérieur d'une bobine fixe à axe horizontal — et suivant son axe — se trouve un noyau en fer doux (en forme de segment de forme appro-

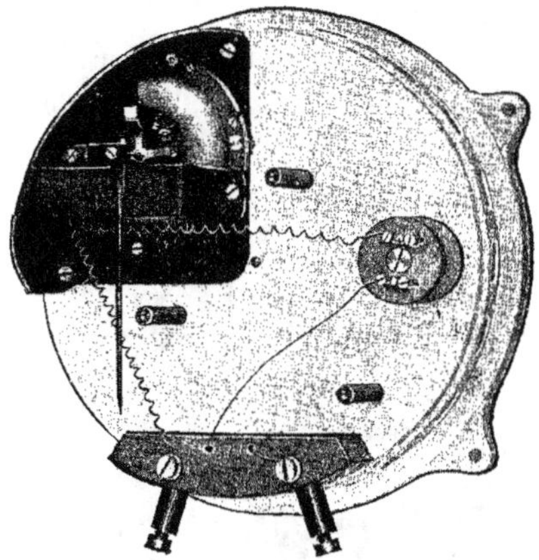

Fig. 57 c.

priée découpé dans une boîte cylindrique) muni d'un axe pivotant sur pierres.

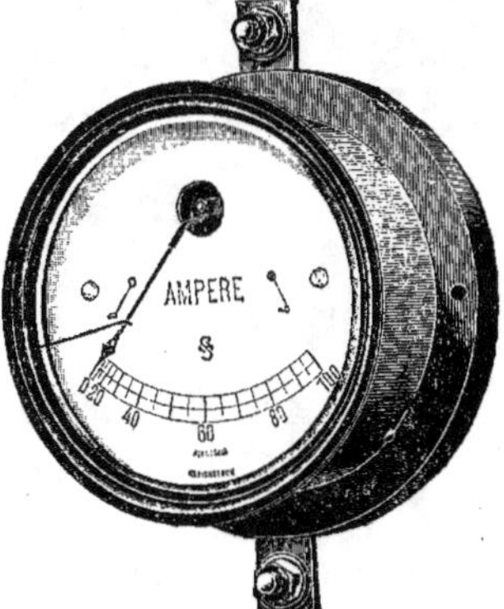

Fig. 57 d.

En face de ce noyau mobile, et tout près, est disposé un noyau semblable fixe.

Le courant du solénoïde aimante les deux pièces qui se repoussent, les pôles de même nom étant voisins. Dans la figure on voit le fer mobile, l'équipage étant sorti de la bobine ; on voit aussi les détails de l'amortisseur dont la boîte est ouverte.

La résistance d'un voltmètre de 3 volts a été trouvée de 9 ohms environ (et son coefficient de self-induction de 0,02 henry environ).

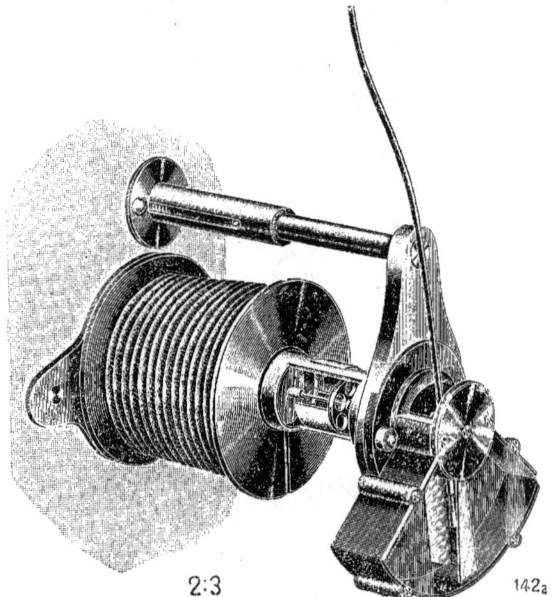

Fig. 53.

Pour un voltmètre de 75 volts, environ 500 ohms ; pour un voltmètre de 150 volts, environ 1800 ohms.

Appareils Chauvin et Arnoux. — Ces appareils diffèrent des précédents par la forme des pièces en fer, qui sont ici des tiges de faible section. L'amortissement s'obtient au moyen d'un volet qui se déplace dans une cage en verre (fig. 59). Le support de la bobine fixe a un diamètre de 1,6 centimètre et une hauteur de 3,5 centimètres. — L'équipage mobile a un poids total de 1,3 gramme.

La déviation maximum est obtenue avec 250 ampèretours. Le courant maximum de ces voltmètres est de 0,025 ampère. La différence de po-

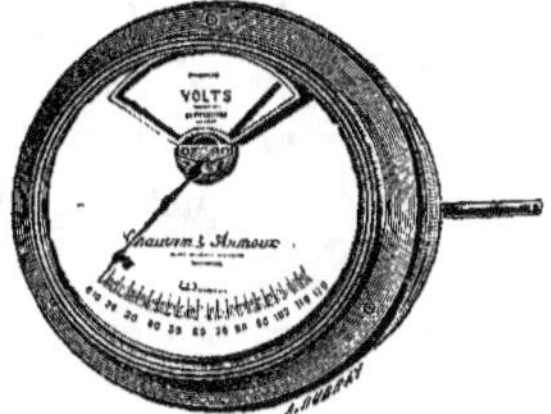

Fig. 59.

tentiel maximum pour les ampèremètres est de 0,1 volt.

25. Ampèremètres et voltmètres à induction. — Dans ces appareils le *couple actif* provient de l'action d'un ou deux champs alternatifs — ou d'un champ tournant — sur les courants induits par eux dans l'équipage mobile. Celui-ci est habituellement un disque ou un cylindre en cuivre ou en aluminium. Les champs sont créés par des bobines, parcourues par le courant à mesurer ou par des courants en relation simple avec les quantités à mesurer. Ces appareils ne sont employés qu'avec du courant alternatif.

Théorie. — Pour trouver les principales conditions de fonctionnement de ces appareils nous allons considérer un cas simple. Soit un appareil

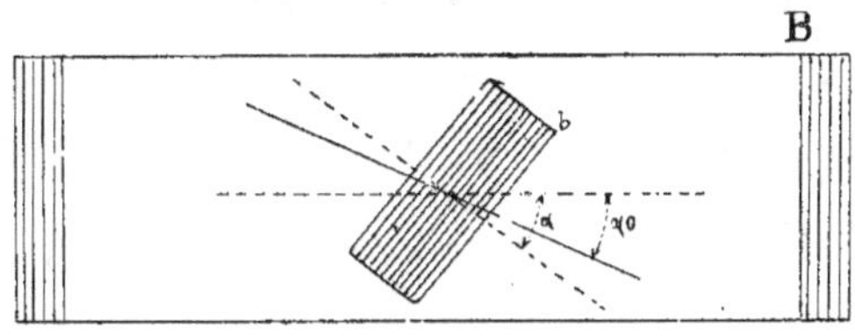

Fig. 60.

formé d'une bobine infiniment longue B, ayant n spires par centimètre et parcourue par un courant alternatif de valeur instantanée i (fig. 60). A l'intérieur de B se trouve une bobine courte b, fermée sur elle-même.

Soit s la surface totale de b, r et l sa résistance et son coefficient de self-induction [1].

Nous allons chercher le couple qui s'exerce entre B et b, lorsque leurs axes font entre eux un angle α.

La bobine A crée à son intérieur un champ alternatif uniforme de valeur instanée : $h = 4\pi ni$. — Le flux que ce champ produit à travers b est :

$$\varphi = hs \cos \alpha = 4\pi nsi \cos \alpha.$$

La f. é. m. induite dans le fil de b par la variation de ce flux est

$$e = -\frac{d\varphi}{dt} = -4\pi ns \cos \alpha . \frac{di}{dt},$$

et il s'y produit un courant i' donné par l'équation :

$$(45) \qquad ri' + l\frac{di'}{dt} = -4\pi ns \cos \alpha . \frac{di}{dt}.$$

Le couple qui s'exerce entre le champ h et le courant i', est à chaque instant

$$c = si'h \sin \alpha$$

et sa valeur moyenne est :

$$(46) \qquad C = s . \sin \alpha . \frac{1}{T} \int_0^T hi'dt.$$

Supposons d'abord le courant i sinusoïdal et soit : $i = I\sqrt{2} \sin \omega t$ (avec $\omega = \frac{2\pi}{T}$, T étant la période du courant; et I sa valeur efficace).

On a alors :

$$\frac{di}{dt} = I\sqrt{2}\,\omega \cos \omega t = -I\sqrt{2}\,\omega \sin\left(\omega t - \frac{\pi}{2}\right)$$

---

[1] L'appareil qui se rapproche le plus de ce cas c'est le galvanomètre à induction de Fleming, dans lequel un disque (à la place de la bobine b) de cuivre est suspendu par un fil métallique à l'intérieur d'une bobine. C'est un appareil à miroir. Dans la position initiale l'axe du disque fait un angle de 45° avec l'axe de la bobine, pour avoir le couple maximum.

et la formule 45 donne :

$$i' = \frac{4\pi\, ns\omega l\, \sqrt{2}\, \cos \alpha}{\sqrt{r^2 + l^2\omega^2}}\, \sin\left(\omega t - \frac{\pi}{2} - \psi\right) \quad \text{avec tang } \psi = \frac{l\omega}{r}.$$

D'autre part on a :

$$h = 4\pi\, nl\, \sqrt{2}\, \sin \omega t,$$

et la formule (46) donne :

$$C = + \frac{16\pi^2 n^2 s^2 \omega l^2\, \sin \alpha\, \cos \alpha}{\sqrt{r^2 + l^2\omega^2}}\, \cos\left(\frac{\pi}{2} + \psi\right),$$

ou en remarquant que,

$$\cos\left(\frac{\pi}{2} + \psi\right) = - \sin \psi = - \frac{l\omega}{\sqrt{r^2 + l^2\omega^2}},$$

et que

$$\sin \alpha \cos \alpha = \frac{\sin 2\alpha}{2}$$

(47)
$$C = - 8\pi^2 n^2 s^2,\ \sin 2\alpha .\, \frac{l\omega^2}{r^2 + \omega^2 l^2} .\, l^2 .$$

De cette formule on déduit que, toutes conditions égales, *le couple sera maximum pour* $\pi = 45°$. [$\sin 2\alpha = \sin 90° = 1$]. D'autre part ce couple — et par conséquent les indications de l'appareil — dépendent de la fréquence et de la résistance de l'équipage mobile (bobine *b*).

Le facteur $\dfrac{l\omega^2}{r^2 + l^2\omega^2}$ peut encore s'écrire :

$$\frac{1}{l} .\, \frac{1}{1 + \left(\dfrac{r}{l\omega}\right)^2}\, r,$$

d'où on déduit que : 1° *l'influence de la fréquence et de la variation de la résistance de l'équipage avec la température sera d'autant plus faible que cette résistance* (*r*) *sera plus faible par rapport à sa réactance* (*l*ω)*, et* 2° *qu'un appareil peu sensible à la variation de la fréquence sera aussi peu influencé par la température.*

Si le courant *i* n'est pas sinusoïdal, on aura

$$i = \sum I_p\, \sqrt{2}\, \sin (p\omega t - \chi_p)$$

d'où

$$h = 4\pi n i = 4\pi n \sqrt{2} \sum I_p \sin (p\omega t - \chi_p)$$

$$\frac{di}{dt} = 4\pi n\omega \sqrt{2} \sum p I_p \cos (p\omega t - \chi_p) = -4\pi n\omega \sqrt{2} \sum p I_p \sin \left(p\omega t - \chi_p - \frac{\pi}{2}\right)$$

et l'équation (45) [1] donne :

$$i = -4\pi n s\omega \sqrt{2} \cos \alpha . \sum \frac{p\omega I_p}{\sqrt{r^2 + p^2 l^2 \omega^2}} \sin \left(p\omega t - \chi_p - \frac{\pi}{2} - \psi_p\right)$$

avec

$$\operatorname{tang} \psi_p = \frac{pl\omega}{r},$$

De la formule (46) on déduit :

$$(47')\, C\,(^2) = -8\pi^2 n^2 s^2 \sin 2\alpha . \sum \frac{lp^2\omega^2}{r^2 + p^2 l^2 \omega^2} I_p{}^2 = -\frac{8\pi^2 n^2 s^2 \sin 2\alpha}{l} \sum \frac{I_p{}^2}{1 + \left(\dfrac{r}{lp\omega}\right)^2}$$

Or, si on appelle comme avant I la valeur efficace de i, on sait qu'on a [3] $I^2 = \Sigma I_p{}^2$. Donc de la formule (47') il résulte que : *pour un courant non sinusoïdal le couple actif de l'appareil ne dépend pas de sa valeur efficace, l'appareil est donc influencé par la forme du courant*; mais, si r est petit devant $l\omega$, il le sera *a fortiori* devant $pl\omega$, et, dans ce cas, on aura

$$C = -\frac{8\pi^2 n^2 s^2 \sin 2\alpha}{l} \Sigma I_p{}^2 = -\frac{8\pi^2 n^2 s^2 \sin 2\alpha}{l} . I^2.$$

Si on satisfait donc à la condition : r petit devant $l\omega$, on aura un appareil peu influencé par la température, la fréquence et la forme des courants.

La théorie des appareils industriels est plus complexe parce qu'on a deux champs qui interviennent par leurs valeurs et par leur décalage l'un par rapport à l'autre, et par leurs positions relatives. Nous complé-

---

(1) Voir : JANET. — *Leçons d'Électrotechnique générale*, éd. III, tome II.

(2) Pour obtenir les résultats il suffit d'appliquer à chacune des harmoniques de i le calcul indiqué plus haut pour le courant sinusoïdal, et d'ajouter les résultats.

(3) Voir JANET. — *Op. cit.*

terons la théorie de ces appareils dans le chapitre sur les compteurs (fascicule 22).

Avantages et inconvénients. — Les avantages sont : 1° ce sont des appareils simples et très robustes ; 2° aucun courant extérieur ne passant dans l'équipage mobile, sa suspension peut être quelconque, métallique ou isolante ; 3° les champs dans lesquels se déplace l'équipage sont grands, ces appareils sont donc peu sensibles aux champs variables créés par les courants voisins (les champs constants n'ont aucune influence).

Les inconvénients ont été indiqués plus haut : leurs indications dépendent de la température ([1]), de la fréquence et de la forme des courants.

On arrive à faire des appareils dans lesquels ces influences sont suffisamment faibles pour les besoins de la pratique. Les appareils d'inductions se répandent beaucoup comme appareils de tableau surtout à l'étranger. On construit des *voltmètres, ampèremètres, wattmètres* et *compteurs.* Nous ne nous occuperons, dans ce chapitre, que des *voltmètres* et des *ampèremètres.*

Voltmètres et ampèremètres à champ tournant S et H. — Deux paires de bobines, dérivées entre les bornes de l'appareil (dont la figure 61 est une représentation schématique) sont enroulées sur les quatre pôles d'un circuit magnétique feuilleté. Un cylindre formé de rondelles de tôle empilées est placé concentriquement et ne laisse qu'un faible entrefer. On s'arrange de façon que les courants dans les deux bobines soient décalés entre eux ; on sait que dans ce cas on obtient un champ tournant ([2]).

L'équipage mobile se compose d'un cylindre en aluminium, creux à la partie inférieure, monté sur pivots de façon à pouvoir tourner autour d'un axe confondu avec l'axe du cylindre en fer doux, et dont les parois latérales se trouvent dans l'entrefer du circuit magnétique.

([1]) Nous verrons dans le chapitre sur les Compteurs les artifices employés pour réduire le coefficient de température.

([2]) C'est, en réalité, un champ elliptique. On verra plus de détails dans le chapitre sur les compteurs, fascicule 22.

Le *couple actif* provient de l'action du champ tournant sur les courants qu'il crée dans l'équipage mobile.

Le *couple antagoniste* est obtenu à l'aide de deux ressorts à boudin. Cette partie présente une particularité intéressante : le couple actif est, comme dans l'appareil théorique étudié, proportionnel pratiquement à I^2. Comme les constructeurs ont voulu obtenir une graduation proportionnelle au courant ils ont été amenés à avoir un couple antagoniste proportionnel au carré de l'angle de rotation.

Pour cela l'équipage mobile porte une pièce en forme de S sur laquelle

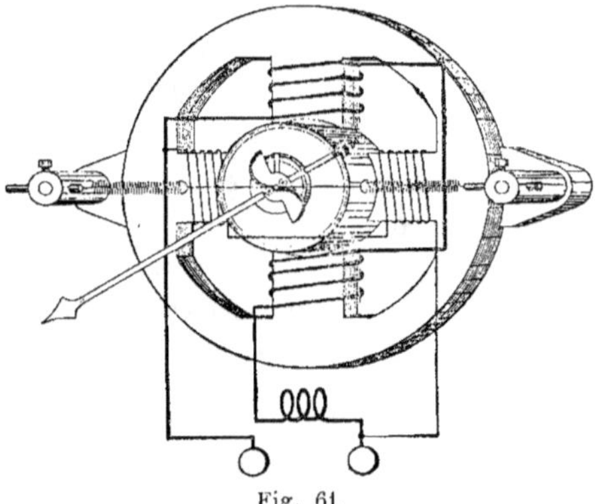

Fig. 61.

s'enroulent des fils attachés aux extrémités des ressorts (voir fig. 61) et dont le profil est taillé de façon que la longueur — donc la tension — des ressorts croisse comme le carré de l'angle de rotation de l'équipage.

Le poids de l'équipage complet est d'environ 11 grammes. L'amortissement est obtenu par l'action de deux aimants permanents sur le cylindre en aluminium ; pour cela, celui-ci et le cylindre en fer ont une hauteur plus grande que l'inducteur.

L'équipage s'arrête au bout de 2 ou 3 oscillations simples d'une durée totale de 2 secondes environ.

Les voltmètres diffèrent des ampèremètres par les dimensions des fils des bobines. Pour les ampèremètres l'une des bobines est en gros fil et en série avec une résistance non inductive, l'autre en fil fin.

Pour les voltmètres les deux bobines sont en fil fin, mais l'une est en

série avec une bobine de self, l'autre avec une résistance non inductive.
La figure 62 donne une vue intérieure d'un voltmètre. La figure 63 répré-
sente un appareil de profil. Voici quelques données : voltmètre 110 volts,
consomme environ 5 watts à la fréquence 50, et 6 watts à la fréquence 25.
— L'ampèremètre de 5 ampères prend 1,3 volt à 50 $\sim$ et 1,5 environ
à 25 $\sim$; — l'ampèremètre 10 ampères 0,7 volt environ à 42 $\sim$, avec un
cos $\varphi = 0,55$ environ. Pour ce dernier appareil le fil fin a une résistance

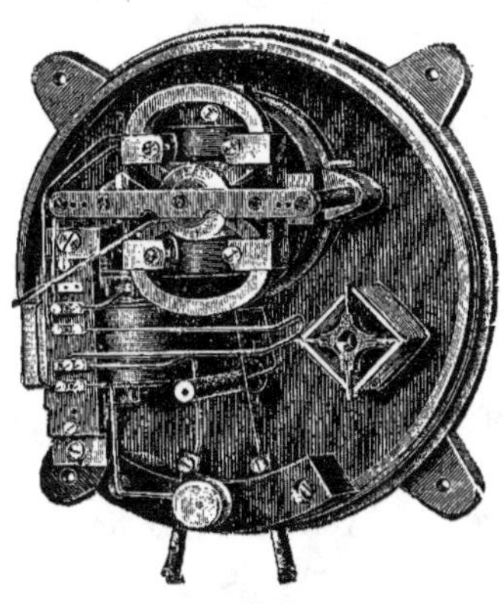

Fig 62.

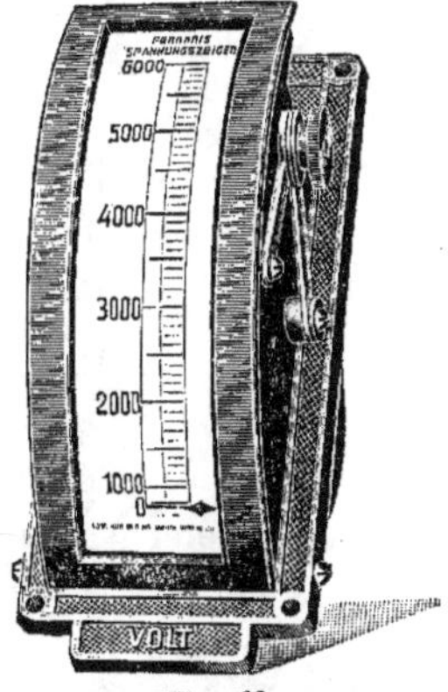

Fig. 63.

de 0,138 ohm environ et une impédance apparente de 0,54 ohm environ
(l'équipage mobile étant en place). Pour le gros fil on a 0,067 et 0,076.

Appareils d'induction A. E. G. — Dans ces appareils, dont le schéma
est indiqué figure 64, un disque métallique peut tourner autour d'un axe
dans l'entrefer d'un électro-aimant feuilleté, dont la bobine est parcourue
par le courant alternatif à mesurer ou qui dépend de la quantité à
mesurer. Une partie de chacun des pôles M est masquée par une plaque
métallique T. On crée aussi deux champs alternatifs voisins, décalés
entre eux et dont la direction moyenne est parallèle à l'axe de rotation.
L'un des champs est formé par les lignes de force qui ne traversent pas
les plaques T, et il est produit par les ampèretours de la bobine ; l'autre,
formé par les lignes de force qui traversent T, est produit par les ampèretours résultant de ceux provenant de la bobine et de ceux produits par

le courant dans T qui joue le rôle du secondaire d'un transformateur [1].

Les actions de ces champs sur les courants induits dans le disque ont une composante tangentielle, qui tend à faire tourner le disque dans le

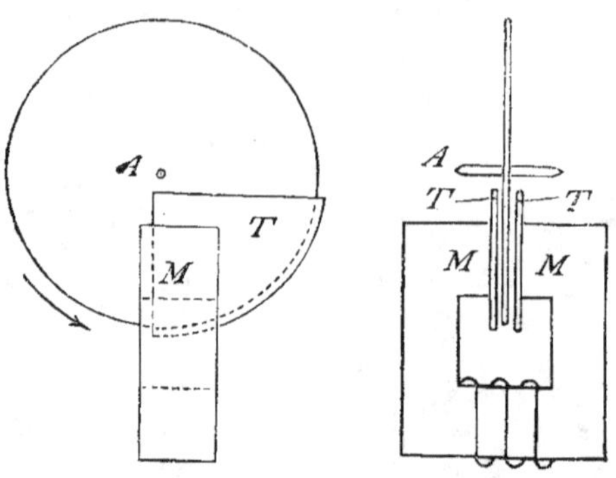

Fig. 64.

sens contraire de la flèche. Le couple antagoniste est donné par un ressort ; l'amortissement, par un aimant qui agit sur le disque.

La figure 65 *a* donne la vue intérieure d'un voltmètre. La figure 65 *b*

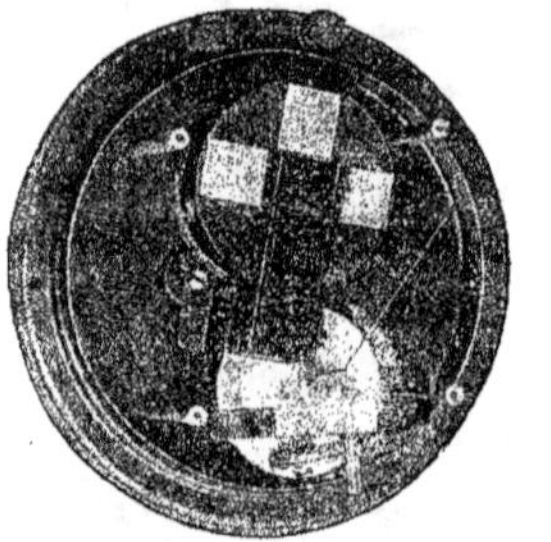

Fig. 65 *a*.

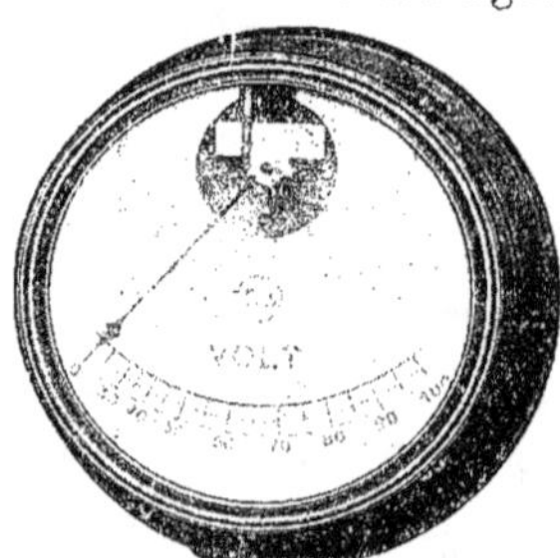

Fig. 65 *b*.

la vue extérieure. Pour la mesure des tensions au-dessus de 1 000 volts, et pour la mesure de grandes intensités, on emploie des transformateurs de tension ou d'intensité.

---

[1] Le premier champ est en phase avec les ampèretours de la bobine, l'autre avec les ampèretours résultant du primaire et du secondaire du transformateur considéré, et on sait qu'entre ces ampèretours il y a un décalage (JANET, *op. cit.*, tome II : Transformateurs).

CHAPITRE VI

Mesure des Capacités

---

26. Définitions et formules. — *Définitions*. — Considérons un système de n corps conducteurs voisins les uns des autres, séparés par le vide (ou l'air sec) et éloignés de tout autre conducteur. Si on amène les n corps à des potentiels électriques V_1, V_2, ... V_n, ils prennent des charges Q_1, Q_2, ..., Q_n, liées aux potentiels par les n relations :

$$Q_1 = C_{11}V_1 - C_{12}V_2 - C_{13}V_3 \ldots - C_{1n}V_n$$
$$Q_2 = - C_{21}V_1 + C_{22}V_2 - C_{23}V_3 \ldots - C_{2n}V_n$$
$$\cdots$$
$$Q_n = - C_{n1}V_1 - C_{n2}V_2 \ldots + C_{nn}V_n,$$

C_{11}, C_{12}, ..., C_{21}, C_{22}, ..., C_{n2}, C_{n2}, ..., C_{nn} étant des constantes, toutes positives, qui dépendent des formes, dimensions et positions relatives des conducteurs. On a en outre $C_{pq} = C_{qp}$. On remarque qu'on a le signe $+$ devant les constantes : C_{pp}, et le signe $-$ devant les C à deux indices différents.

Considérons en particulier deux corps. On a :

$$Q_1 = C_{11}V_1 - CV_2 \quad \text{et} \quad Q_2 = - CV_1 + C_{22}V_2$$

(en posant $C = C_{12} = C_{21}$). On peut écrire ces relations sous la forme :

$$Q_1 = Q + q_1, \quad Q_2 = - Q + q_2,$$

en posant :

$$Q = C(V_1 - V_2), \quad q_1 = (C_{11} - C)V_1, \quad q_2 = (C_{22} - C)V_2.$$

Si le conducteur (2) enveloppe le conducteur (1) on a $q_1 = 0$.

Si les deux corps sont très voisins sur une grande partie de leurs surfaces, q_1 et q_2 sont négligeables devant Q et on a :

$$Q_1 = Q = C(V_1 - V_2) \quad \text{et} \quad Q_2 = -Q = -C(V_1 - V_2).$$

Dans la pratique on néglige toujours q_1 et q_2, parce que, dans certains cas (condensateurs) ces quantités sont négligeables, les corps étant voisins sur une grande étendue; et dans d'autres (capacités des câbles) on ne demande pas une grande approximation dans les mesures.

La constante C s'appelle la *capacité* du système des deux conducteurs. Q et — Q sont les quantités d'électricité qui se trouvent sur les faces en regard.

Diélectrique solide. — Lorsque les corps conducteurs sont séparés par un isolant solide la capacité définie par la relation : $C = \dfrac{V_1 - V_2}{Q}$ n'est pas une constante; elle dépend de la différence de potentiel, de la durée de charge et même des charges antérieures.

Si on charge un condensateur à lame d'air à travers une résistance R, la différence de potentiel entre les armatures varie en fonction du temps d'après la relation :

$$U = (V_1 - V_2)\left[1 - e^{-\frac{t}{CR}}\right],$$

U étant la différence de potentiel à l'instant t. Si R est faible, le temps au bout duquel U diffère de $(V_1 - V_2)$ d'une quantité négligeable (par exemple de 0,1 %) est une faible fraction de seconde. Un condensateur à lame d'air recevra donc pratiquement sa charge complète, à travers une faible résistance, au bout d'une fraction de seconde; si on continue à maintenir entre ses armatures la différence de potentiel $V_1 - V_2$, sa charge ne varie pas.

Pour un condensateur à diélectrique solide, si on le charge pendant un temps très court, mais suffisant pour qu'il soit théoriquement chargé, il prend une certaine charge Q_0 (charge instantanée). Si on continue à maintenir entre ses armatures la différence de potentiel $V_1 - V_2$, sa charge augmente et n'atteint une limite Q (charge de régime) qu'au bout de quelques secondes, on appelle ce phénomène l'*absorbtion du conden-*

sateur. La capacité C du condensateur varie donc avec le temps. On appelle en particulier le rapport : $C_0 = \dfrac{Q_0}{V_1 - V_2}$ *capacité instantanée;* et le rapport $C = \dfrac{Q}{V_1 - V_2}$ *capacité de régime.* $C_0 = 0,98\,C$ à $0,99\,C$ pour les bons condensateurs au mica, et $0,9\,C$ et même $0,8\,C$ pour les condensateurs ordinaires.

Après avoir chargé un condensateur, si on le décharge, (dans un balistique par exemple) on trouve une certaine quantité d'électricité. Si, après la décharge, on le laisse à circuit ouvert pendant quelques secondes et ensuite on le décharge de nouveau, on trouve une nouvelle quantité. Cette dernière s'appelle *charge résiduelle* et gêne souvent les mesures. La charge résiduelle d'un condensateur est d'autant plus importante que le phénomène d'absorption est plus prononcé.

Lorsqu'on doit se servir d'un condensateur il faudra souvent le décharger à plusieurs reprises pour se débarrasser de la charge résiduelle.

La mesure des capacités se complique aussi par l'isolement de leur diélectrique, qui est souvent relativement faible et cause la décharge du condensateur à travers lui-même.

Unités. — L'unité pratique de capacité est le *microfarad* qui vaut 10^{-15}U.E.M. et 9.10^5U.E.S. Le *microfarad* est égal à 10^{-6} farads, qui est l'unité du *système pratique.* Le *farad* vaut 10^{-9}U.E.M. et 9.10^{11}U.E.S.

Constitution des condensateurs. — Les condensateurs employés sont formés de feuilles de papier d'étain ou d'aluminium, séparées par des feuilles de papier paraffiné (condensateurs industriels) ou par des feuilles de mica (condensateurs de précision.)

M. Bouty remplace les feuilles d'étain par une couche d'argent déposée par le procédé Martin pour l'argenture du verre. M. Moscicki construit, pour supporter des tensions élevées, des condensateurs dont le diélectrique est du verre ayant la forme d'un vase cylindrique renforcé sur les bords. Les armatures sont obtenues par l'argenture. Le vase est rempli d'un mélange d'eau et de glycérine qui sert au refroidissement de l'appareil.

Les condensateurs étalons ont comme diélectrique le mica ou le papier paraffiné.

Les condensateurs en mica peuvent être considérés exacts à 0,1 %

près et les bons condensateurs en papier paraffiné à 0,5 % à condition qu'on se place toujours dans des conditions identiques.

Dans la forme à donner aux condensateurs il faudra tenir compte de l'influence possible des corps extérieurs, ou des condensateurs enfermés dans la même boîte; il faudra qu'on puisse mettre facilement les armatures en court circuit pour enlever les charges résiduelles, et qu'on puisse facilement nettoyer et sécher les surfaces isolantes, pour qu'il n'y ait pas un mauvais isolement. Les figures 66 *a* et 66 *b* représentent deux dispositifs de condensateurs de précision subdivisés. Les figures 67 *a* et 67 *b* représentent des schémas de montage de ces deux genres de condensateurs.

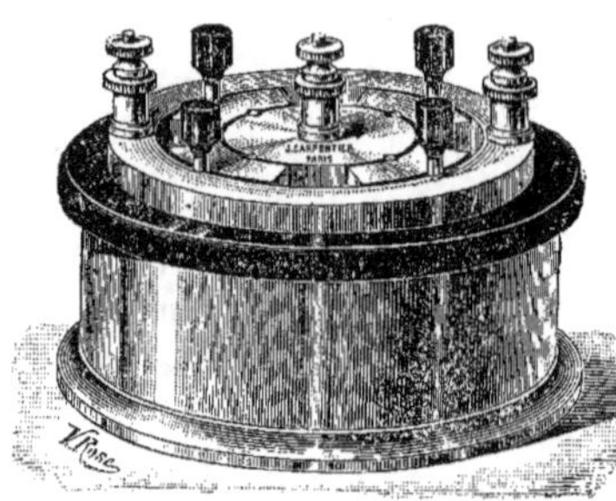

Fig. 66 *a*.

Dans ces condensateurs une armature commune est réuni à un bloc

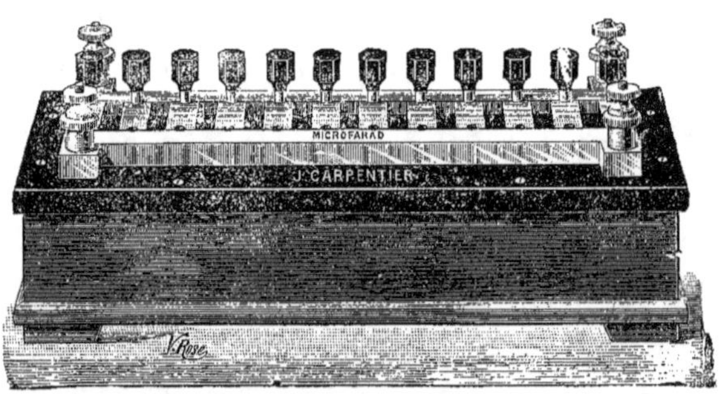

Fig. 66 *b*.

en laiton B, et les autres armatures à des petits blocs en laiton B', B', ... sur lesquels est marquée la valeur de la capacité, qu'on obtient entre les bornes *b* et *b'* en mettant une fiche métallique dans le trou correspondant entre B' et A. Si la même fiche est placée entre B' et B le condensateur correspondant est en court circuit.

En mettant deux ou plusieurs fiches dans les trous entre B' et A on met les condensateurs en dérivation et la capacité obtenue est la somme des capacités marquées sur les blocs B' correspondants.

Il est mauvais de monter des condensateurs en série (voir page 133).

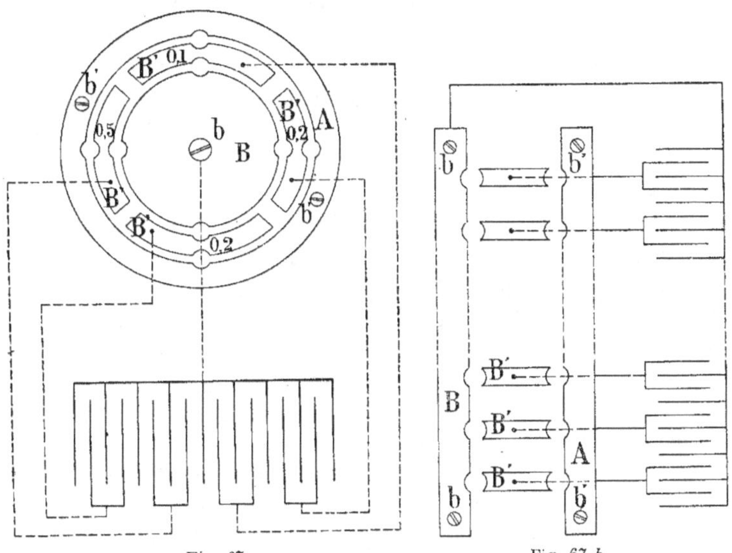

Fig. 67 a.   Fig. 67 b.

La figure 68 a indique la forme extérieure, et la figure 68 b le schema du montage d'un condensateur industriel. L'armature commune des conden-

Fig 68 a.

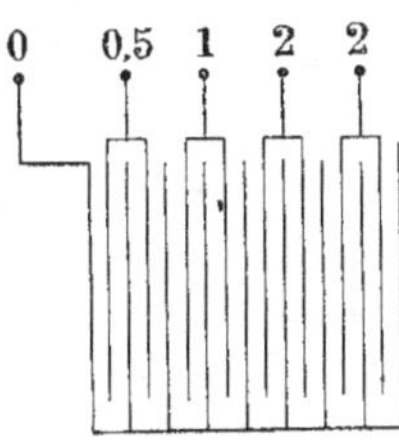

Fig. 68 b.

sateurs arrive à la borne o, l'autre armature de chaque condensateur à la borne devant laquelle est marquée sa valeur. Si on réunit plusieurs bornes par un fil métallique, on a entre le o et cet ensemble, la somme des capacités marquées.

Remarques : 1° Pendant qu'on ne se sert pas des condensateurs, il convient de les garder en court circuit. On doit tenir leur surface sèche et bien propre.

2° Il ne faut pas soumettre les condensateurs à des différences de potentiel trop élevées. Il est prudent de se tenir de beaucoup au-dessous de 100 volts pour les condensateurs de précision.

3° Dans les méthodes de mesures, on doit isoler avec beaucoup de soins toutes les parties des circuits, et éloigner les condensateurs des grosses masses métalliques.

4° Il faut éviter d'employer les condensateurs de précision dans des circuits ayant une forte self-induction, l'extra courant de rupture peut les abimer.

5° En courant alternatif le diélectrique peut chauffer à cause des phénomènes d'hystérésis diélectrique. Il faut veiller à ce que l'échauffement ne soit pas trop grand, parce que le diélectrique se détériore plus facilement et supporte moins la tension lorsqu'il est chaud.

27. Méthodes de mesures. — *Comparaison de deux capacités au galvanomètre balistique.* — Pour comparer deux condensateurs, on charge successivement chacun d'eux et on les décharge dans le balistique à circuit ouvert ou convenablement shunté. Il faut s'arranger de façon à avoir des élongations suffisamment grandes (supérieures à 100 divisions par exemple) et à peu près égales : dans ce cas les résultats sont exacts même avec un galvanomètre non proportionnel. Pour arriver à ce résultat avec des condensateurs de grandeurs très différentes on peut les charger avec des différences de potentiel appopriées, ou mieux les décharger sur un galvanomètre ayant des shunts convenablement choisis (¹).

La figure 69 indique un montage applicable à tous les cas. C et x sont les deux condensateurs à comparer, E une source de force électromotrice (il convient de la prendre entre 10 et 100 volts, plutôt plus près de 10 volts pour les condensateurs de précision). Le balistique

---

(¹) Cette dernière méthode est meilleure parce qu'on connaît les résistances avec plus de précision que les forces électromotrices.

de résistance g est shunté par une résistance constante R [1]. Les condensateurs sont chargés successivement et déchargés sur une partie de R. Soit q la charge que prend x, et r la résistance sur laquelle on le décharge. On a : $q = x \cdot E$. Le galvanomètre reçoit à la décharge la fraction $\dfrac{xEr}{R + g}$. Si il donne une élongation ε, on a :

$$\varepsilon = k' \cdot \frac{xEr}{R + g}.$$

Si on charge ensuite C et qu'on le décharge sur une résistance r', on a une élongation ε' donnée par

$$\varepsilon' = k' \cdot \frac{CEr'}{R + g} \qquad \text{d'où} \qquad \frac{x}{C} = \frac{r'}{r} \cdot \frac{\varepsilon}{\varepsilon'},$$

d'où on tire x si on connaît C, r et r'. On peut régler R de façon que le galvanomètre soit convenablement amorti, et r et r' de façon que ε et ε' soient presque égales ou mêmes égales.

On peut mesurer par cette méthode la variation de la capacité en fonction du temps. Habituellement on mesure : ou la capacité instantanée ou celle de régime (dans les essais des câbles sous-marins, on charge pendant 30 ou 60 secondes).

L'inconvénient de la méthode est celui des méthodes à lecture directe : on ne peut apprécier une élongation à plus de 0,5 division, ce qui pour une élongation de 100 divisions donne une erreur de lecture sur chaque

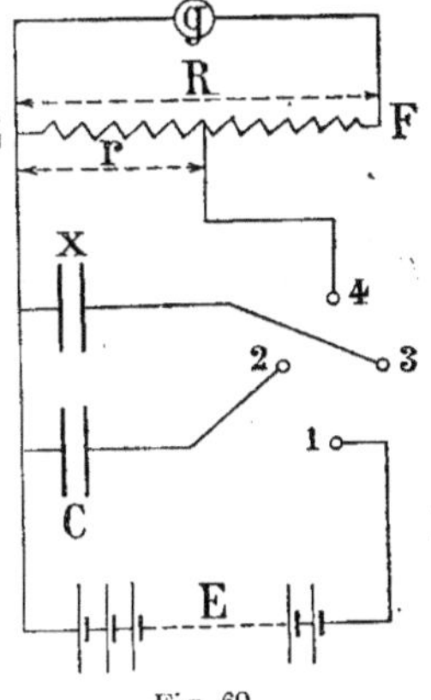

Fig. 69.

mesure de 0,5 °/₀. On peut pourtant, en se plaçant dans des conditions bien définies et en répétant les mesures, obtenir une approximation de l'ordre de 0,2 °/₀ pour les bons condensateurs.

---

[1] R doit être constant si on a affaire à un galvanomètre à cadre mobile, pour que l'amortissement de l'appareil soit constant. On emploie un shunt universel, ou deux boîtes jumelles qui permettent de faire varier r tout en maintenant R constant.

On doit prendre, comme dans toutes les mesures de capacités, de grandes précautions d'isolement.

Mesure en fonction d'une résistance et d'un temps. (*Méth. de Jenkin*). — On charge le condensateur avec une source de force électromotrice E et on le décharge dans un balistique ; on obtient une élongation ε. Si on monte la même pile dans un circuit de résistance totale R contenant le même galvanomètre, on obtient une déviation permanente α_e. Or on a :

$$\varepsilon = k' \cdot \text{C.E}, \qquad \alpha_e = k \cdot \frac{\text{E}}{\text{R}}$$

On en déduit

$$C = \frac{k}{k'} \cdot \frac{\varepsilon}{\alpha_e \text{R}}.$$

Il suffit de connaître R et le rapport $\frac{k}{k'}$, qui est donné par l'une des formules (31'), (32'), (33'), (34') fasc. 20.

Méthode de Sauty. — Cette méthode est une application du pont de Whcatstone dans lequel on remplace deux des résistances par les capa-

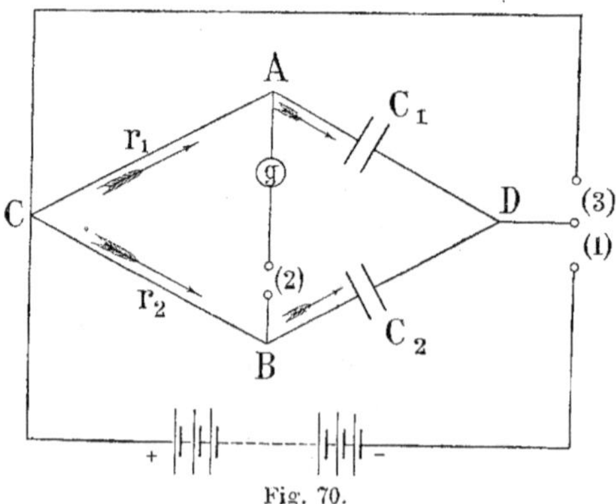

Fig. 70.

cités à comparer. On opère pendant le régime variable. Le montage est indiqué par la figure 70. On ferme d'abord l'interrupteur du galvanomètre (2) ensuite l'interrupteur (1) de la pile ; en général pendant la charge des condensateurs le galvanomètre dévie, mais si on règle les résistances de façon qu'il reste à l'équilibre, on a

$$(48) \qquad C_1 r_1 = C_2 r_2,$$

d'où on tire C_1 si on connaît r_1, r_2 et C_2.

La démonstration de la formule (48) est simple si on suppose que les résistances r_1 et r_2 ont des cœfficients de self-induction et des capacités négligeables, et que les capacités C_1 et C_2 sont parfaitement bien isolées et ne présentent ni phénomènes d'absorption ni de charges résiduelles.

Dans ce cas $C_1 r_1$ et $C_2 r_2$ sont les constantes de temps des circuits CAD et CBD ; si (48) est satisfaite, les constantes de temps sont égales, les condensateurs se chargent donc de façons identiques, c'est-à-dire qu'à chaque instant de la période variable les points A et B sont au même potentiel et le courant dans le galvanomètre est nul.

On démontre facilement que, même si les conditions précédentes ne sont remplies qu'à peu près, on a toujours $C_1 r_1 = C_2 r_2$ lorsque l'appareil est à l'équilibre, à condition qu'on emploie un galvanomètre de période assez longue. Il ne faut pas oublier avant chaque essai de mettre plusieurs fois les condensateurs en court-circuit : on ferme pour cela (3) *après avoir ouvert* (1).

Cette méthode ne s'applique pas aux câbles de grande longueur (exemple : câbles sous-marins) parce que leurs constantes de temps propre sont trop grandes (ils présentent non seulement une capacité de plusieurs milliers de microfarards, mais aussi une grande résistance) et les phénomènes d'absorption sont importants. Elle s'applique mal aussi aux condensateurs mal isolés ; dans ce cas les fuites donnent au galvanomètre une déviation et on ne peut pas arriver à l'équilibre.

Variante de la méthode. — On peut fermer d'abord l'interrupteur (1) attendre un temps assez long pour que les capacités soient bien chargées. On ouvre ensuite (1) et on ferme (2), et immédiatement après on ferme (3). Si à ce moment le galvanomètre ne bouge pas on a :

$$C_1 r_1 = C_2 r_2.$$

Cette méthode à l'avantage de permettre la charge complète des condensateurs.

Précision. — On trouve que la quantité d'éléctricité qui traverse le balistique, si l'équilibre n'est pas établi, est pour les deux méthodes précédentes :

$$q_9 = \frac{(C_2 r_2 - C_1 r_1)\,E}{r_1 + r_2 + g}.$$

Si ε_0 est la plus faible élongation appréciable, k' la constante du balistique en microcoulombs par division, C_2 la vraie valeur de la capacité à mesurer, $C_2 + \Delta C_2$ la valeur donnée par la formule

$$(C_2 + \Delta C_2)\,r_2 - C_1 r_1 = 0,$$

on a :

$$\varepsilon_0 = 10^6 k' \cdot q_9 = k' \cdot \frac{r_2 \Delta C_2 E}{r_1 + r_2 + g} \cdot 10^6$$

d'où

$$(49) \qquad \frac{\Delta C_2}{C_2} = \frac{(r_1 + r_2 + g)\,\varepsilon_0}{C_2 r_2 E k' \cdot 10^6} = \frac{\varepsilon_0}{C_2 E k' 10^6} \cdot \left(1 + \frac{r_1 + g}{r_2}\right).$$

Cette formule montre que l'erreur relative sur C_2 (capacité à mesurer) est d'autant plus faible que r_2 est plus grand par rapport à $r_1 + g$. Mais, pour que r_2 soit grand, il faut que C_1 le soit ; donc on prendra une capacité étalon aussi grande que possible.

On prendra aussi E grand. — Il faudra également s'arranger pour que

$$\frac{1}{k'}\left(1 + \frac{r_1 + g}{r_2}\right)$$

soit aussi petit que possible : on remarquera que, avec le galvanomètre à cadre mobile, k' dépend de la résistance $r_1 + r_2 + g$, et croît avec elle.

Méthode de Lord Kelvin. — Le montage est indiqué par la figure 71. Il ne diffère du précédent que par la place de la pile et du galvanomètre.

Le mode opératoire est le suivant. On ferme d'abord l'interrupteur (2) et on attend un temps assez long pour que les condensateurs se chargent, on ferme ensuite (1). Si le galvanomètre ne bouge pas, on a :

$$(50) \qquad\qquad C_1 r_1 = C_2 r_2.$$

En effet, si le galvanomètre reste à l'équilibre, c'est que les points C et D sont au même potentiel. On a donc

$$V_A - V_C = r_1 i_1 = V_A - V_D = \frac{q}{C_1} \text{ et } V_C - V_B = r_2 i_2 = V_D - V_B = \frac{q}{C_2}$$

d'où (50). (Les capacités étant en série prennent la même charge q, si elles sont bien isolées).

La quantité d'électricité qui traverse le balistique lorsque l'équilibre n'est pas établi est :

$$q_g = \frac{(C_2 r_2 - C_1 r_1)\,E}{r_1 + r_2 + r}.$$

La formule est la même qu'avant, sauf que g est remplacé par r. Les con-

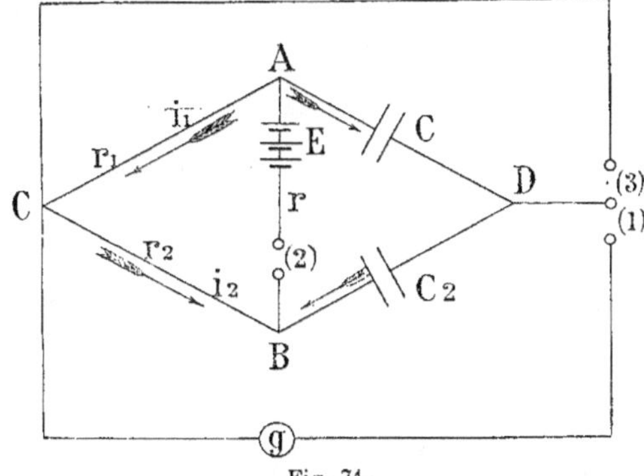

Fig. 71.

ditions de meilleure sensibilité sont les mêmes qu'avant ; mais pour les mêmes valeurs des quantités, on aura une plus grande sensibilité dans cette méthode, parce que le galvanomètre est toujours à circuit ouvert, [donc il a la plus grande sensibilité (k')] et parce que r est toujours plus faible que g.

Dans cette méthode n'interviennent ni la durée de la charge, ni les phénomènes d'absorption ou de charges résiduelles, ni la self-induction ou la capacité des résistances r_1 et r_2 : elle se prête donc bien à la mesure des câbles. Mais elle peut donner des résultats faux lorsque les capacités présentent un mauvais isolement. Si on suppose par exemple C_1 mal isolé, il se déchargera à travers lui-même pendant que C_2 se charge, et plus on attend longtemps avant de fermer (1) plus les charges de C_1 et C_2 seront différentes ; or la méthode les suppose égales.

Autre mode opératoire. — On peut fermer d'abord (1) ensuite (2) on a une méthode équivalente à la méthode de Sauty, mais plus sensible, les conditions de sensibilité étant les mêmes que pour la méthode Kelvin.

CHAPITRE VII

Mesure des coefficients d'induction

---

28. Définitions et formules. — *Définitions.* — On appelle *coefficient d'induction mutuelle* (M) entre deux circuits, le rapport entre le flux que l'un des circuits envoie à travers l'autre lorsque le premier est parcouru par un courant, et ce courant. Lorsque les deux circuits (1) et (2) sont parcourus par des courants i_1 et i_2, ils s'envoient mutuellement des flux

$$\Phi_2 = Mi_1 \quad \text{et} \quad \Phi_1 = Mi_2 \text{ (fig. 72)}.$$

On appelle *coefficient de self-induction* (L) d'un circuit le rapport entre

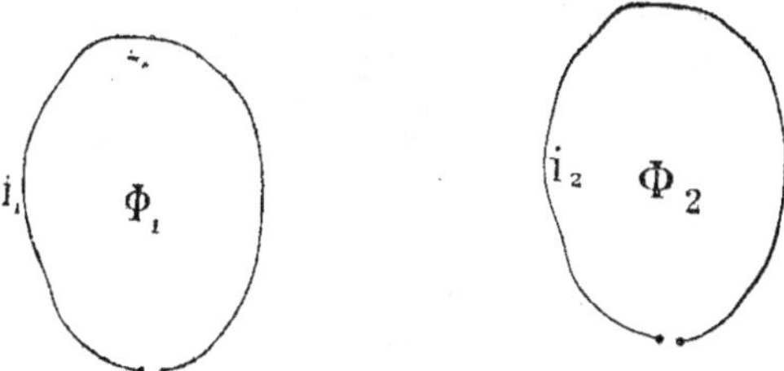

Fig. 72.

le flux qu'il envoie à travers lui-même lorsqu'il est parcouru par un courant et ce courant. On a pour un courant i, le flux de self-induction $\Phi = Li$.

Si le milieu dans lequel se trouvent les circuits est à perméabilité constante (exemple : air $\mu = 1$), L et M ne dépendent que de la forme, des dimensions et des positions relatives des circuits ou de leurs éléments.

Si la perméabilité du milieu dépend des courants qui traversent les circuits, L et M en dépendent, et sont tout aussi mal définis que l'est la perméabilité dans ce cas (voir le fascicule 22). On peut pourtant obtenir des résultats comparables en se plaçant dans des conditions convenables (voir plus bas).

Unités. — L'unité E.M. théorique de coefficient d'induction est le *centimètre*, l'unité pratique le *henry* $= 10^9$cm.

Bobines de selfinduction. — Ces bobines sont en fil de cuivre bien isolé, enroulé régulièrement sur une carcasse en bois ou en ébonite (les carcasses métalliques donneraient des courants de Foucault ; de plus elles peuvent contenir des substances magnétiques).

Pour que le coefficient de self-induction d'une bobine soit constant, il

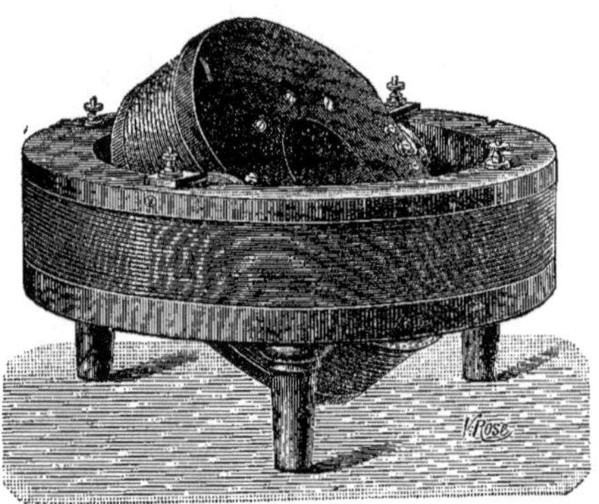

Fig. 73

faut que ses dimensions soient invariables, que les spires ne se déforment et ne se déplacent pas ; les bobines doivent être éloignées des substances magnétiques et des circuits parcourus par des courants.

M. Brillouin a proposé une bobine à self-induction variable, qui a été réalisée pour la première fois par MM. Ayrton et Perry. Elle se compose de deux bobines, l'une fixe, l'autre mobile autour d'un axe, qui est le diamètre des spires moyennes des deux bobines (fig. 73). Un index permet de connaître l'angle d'inclinaison de la bobine mobile.

M. Carpentier construit une bobine ayant les constantes suivantes :

	Bobine fixe	Bobine mobile	Ensemble en série		
			la bobine mobile étant inclinée de		
			0°	90°	180°
Résistance. . . .	5 ω.	3,68 ω.	—	—	—
Coefficient de self-induction. . . .	0,269 h.	0,177 h.	0,228	0,446	0,664
Constante de temps	0,054 sec.	0,048 sec.	0,026	0,051	0,076

Constante de temps. — La constante de temps d'une bobine de self-induction c'est le rapport $\frac{L}{R}$ de son coefficient de self-induction à sa résistance. Elle est à peu près la même pour les bobines ayant la même forme et les mêmes dimensions.

Remarques : 1° Dans plusieurs méthodes de mesure de L et de M, on mesure ces quantités, par la quantité d'électricité induite dans un circuit par une variation de flux $\Delta\Phi$. En général on fait varier le courant qui traverse les bobines dont on mesure L ou M, entre les limites O et I, leur flux varie alors de O à LI ou MI ou inversement; mais si les bobines contiennent du fer, à cause des phénomènes d'hystérésis, on doit faire varier le courant entre les limites — I et + I (on inverse le courant), dans ce cas $\Delta\Phi$ est 2 LI ou 2 MI, L et M étant les coefficients de self-induction et d'induction mutuelle qui correspondent au courant I dans les conditions de l'expérience.

2° Lorsqu'on mesure des faibles coefficients d'induction, on ne doit pas oublier que les boîtes de résistance, dont on se sert, peuvent avoir des coefficients de selfinduction et des capacités non négligeables.

29. Méthodes de mesure des coefficients de self-induction et d'induction mutuelle. — *Comparaison de deux coefficients d'induction mutuelle.* — On fait le montage figure 74; M et M' sont les deux paires de bobines dont on compare les coefficients M et M', r et r' deux résistances réglables et connues. On ferme d'abord (1) ensuite (2) et si on a réglé r et r' de façon que le galvanomètre ne dévie pas, on a :

$$(51) \qquad \frac{M}{M'} = \frac{r + \rho}{r' + \rho'}.$$

On peut aussi opérer en ouvrant (2).

Soit L et $\rho + r$ le coefficient de self-induction et la résistance du circuit

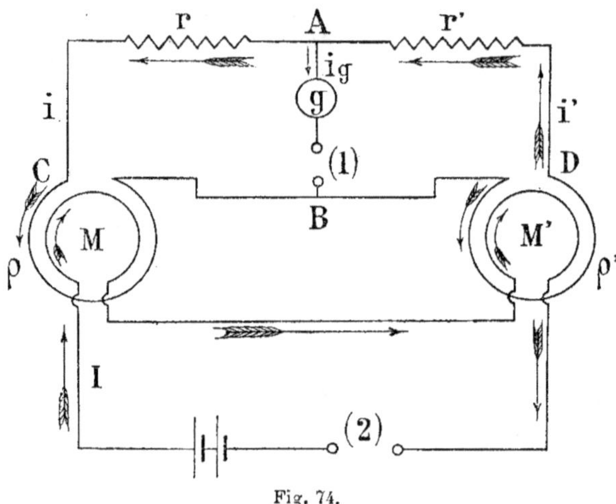

Fig. 74.

ACB, et i le courant qui le traverse à un instant t de la période variable ; L', $\rho' + r'$ et i' les mêmes éléments pour le circuit ADB ; λ, g, ig pour le galvanomètre balistique.

On a dans le circuit ACBA la relation :

$$M \frac{dI}{dt} + L \frac{di}{dt} + (r + \rho)i - \lambda \frac{dig}{dt} - rig = 0$$

d'où, en intégrant pendant toute la période variable, et en tenant compte que les courants i et ig sont nuls à la fin et au commencement, on a

$$MI_0 + (r + \rho) \int idt = g \int ig dt,$$

I_0 étant le courant *de régime* dans le circuit primaire.

On a de même dans le circuit ADBA :

$$M'I_0 + (r' + \rho') \int i'dt = - g \int igdt.$$

Mais si le galvanomètre est à l'équilibre c'est que

$$\int igdt = 0 \quad \text{et} \quad \int idt = \int i'dt.$$

Les équations précédentes donnent, en passant les $\int$ dans les seconds membres et en divisant membre à membre, la formule (51).

Si on ne connaît pas ρ et ρ', on fera une seconde mesure avec deux valeurs différentes r_1 et r_1' et on aura

(52)
$$\frac{M}{M'} = \frac{r_1 + \rho}{r_1' + \rho'}.$$

De ces deux égalités on déduit :

$$\frac{M}{M'} = \frac{r + \rho}{r' + \rho'} = \frac{r_1 + \rho}{r_1' + \rho'} = \frac{r - r_1}{r' - r_1'}.$$

Il faudra prendre r bien différent de r_1.

Remarque : On peut employer le commutateur tournant d'Ayrton et Perry (voir page 149) qui permet la répétition des inversions du courant I et augmente de beaucoup la sensibilité de la méthode.

2° Il faudra veiller à l'isolement des circuits et surtout des 2 bobines du même groupe.

3° Les bobines à comparer doivent être éloignées l'une de l'autre et du galvanomètre.

Comparaison de deux coefficients de self-induction. — On emploie la méthode du pont de Wheatstone. Le montage est donné par la figure 75 ; L et L' sont les 2 bobines dont on a à composer les coefficients de self-induction ; r et r' les résistances totales des bras de pont, ces résistances étant les sommes des résistances des bobines et des résistances additionnelles réglables ; R et R' sont deux autres résistances réglables.

Si le pont est en équilibre en régime permanent et en régime variable on a :

$$(53) \qquad \frac{L}{L'} = \frac{r}{r'} = \frac{R}{R'}.$$

Pour démontrer cette formule remarquons que le galvanomètre sera en

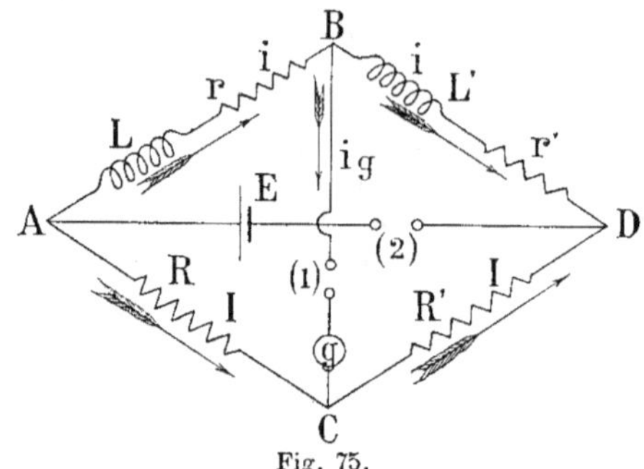

Fig. 75.

équilibre au régime variable si la différence de potentiel entre les points B et C est nulle à chaque instant. Or dans ce cas on a :

$$V_A - V_B = V_A - V_C \qquad \text{ou} \qquad L \frac{di}{dt} + ri = RI,$$

ou encore

$$L \frac{di}{dt} = RI - ri.$$

On a de même

$$L' \frac{di'}{dt} = R'I - r'i$$

d'où

$$\frac{L}{L'} = \frac{RI - ri}{R'I - r'i}.$$

Or, l'équilibre en régime permanent donne

$$\frac{R}{R'} = \frac{r}{r'} = \frac{RI - ri}{R'I - r'i}$$

donc

$$\frac{L}{L'} = \frac{R}{R'} = \frac{r}{r'}.$$

Le mode opératoire dépend des appareils dont on dispose. Si L et L′ sont deux bobines à coefficients de self-inductions constants, on règle les résistances de façon à avoir l'équilibre en régime permanent [en fermant d'abord (2) ensuite (1)]. On retouche ensuite ces résistances de façon à obtenir l'équilibre en régime variable [en fermant (1) ensuite (2)] mais sans déranger le premier équilibre. La méthode est dans ce cas très pénible parce qu'elle demande beaucoup de tâtonnements.

Si on dispose d'une bobine à coefficient de self-induction variable L′ (fig. 73), on règle d'abord les résistances de façon à obtenir l'équilibre en régime permanent, et ensuite le coefficient de self-induction L′ pour avoir aussi l'équilibre en régime variable (¹).

Mesure d'un coefficient d'induction mutuelle en fonction d'une capacité et d'une résistance. — On fait le montage de la figure 76. En M se

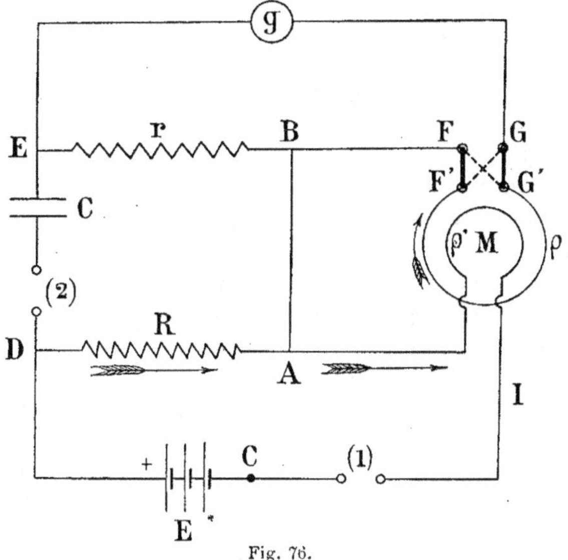

Fig. 76.

trouve le groupe de bobines dont on veut mesurer le coefficient M, en R

<hr>

(¹) Pour augmenter la sensibilité de la méthode on peut employer le commutateur tournant d'Ayrton et Perry (fig. 80).

une résistance connue pouvant supporter un courant assez grand, en C un condensateur, en r une résistance réglable de l'ordre de 1 000 ohms ou au-dessus, en g un galvanomètre balistique.

On ferme l'interrupteur (1) rapidement, le courant I s'établit dans la bobine primaire, et le balistique est traversé par une quantité d'électricité $\dfrac{MI}{r + \rho + g}$ et donne une élongation ε. On a

$$(54) \qquad k' \, \frac{MI}{r + \rho + g} = \varepsilon.$$

Après l'arrêt du balistique on ferme (2) le condensateur C se charge et une partie de la charge traverse le balistique et donne une élongation ε'. On a

$$(55) \qquad k' \, \frac{CRr}{r + \rho + g} = \varepsilon'.$$

En divisant (54) par (55) on trouve

$$(56) \qquad M = CRr \, \frac{\varepsilon}{\varepsilon'} \, .$$

Dans le règlage de R et de r, il faut tenir compte de ce que les 2 élongations ε et ε' doivent être suffisamment grandes et de même ordre de grandeur, et que le balistique ne doit pas être trop amorti, pour ne pas être trop lent.

Il convient aussi que les élongations ε et ε' soient dans le même sens ; pour cela avec le montage de la figure 85 il faut opérer en ouvrant (1) au lieu de le fermer ; on pourra encore interchanger les connexions F, G et F', G', et on opère en fermant (1) [1].

Variantes de la méthode. — I° On peut s'astreindre à régler r pour avoir $\varepsilon = \varepsilon'$, on a alors $M = CRr$. II° On peut aussi garder (2) toujours fermé ; dans ce cas en ouvrant ou fermant (1) les courants d'induction et

---

[1] Il est quelquefois avantageux de connecter le fil BA en C à la place de A. On a alors

$$M = C(R + \rho')r \, \frac{\varepsilon}{\varepsilon'} \, .$$

Souvent même on peut supprimer R.

de charge ou décharge du condensateur traversent le galvanomètre en sens contraire et, par un réglage convenable de r, on peut arriver à l'équilibre. On a alors: $M = CRr$, Cette méthode a les avantages de toutes les méthodes de zéro mais elle est longue et délicate.

Si on cherche les meilleures conditions de sensibilité pour cette dernière méthode, on trouve :

1° Que le galvanomètre, qui est plus résistant, doit être en série avec une plus grande résistance $[r + \rho > R + \rho']$.

2° Que les meilleurs groupements des piles et des bobines du galvanomètre, quand il y en a plusieurs, sont ceux qui donne $p = R + \rho'$ et $g = r + \rho$, p et g étant les résistances de la pile et du galvanomètre. — On peut employer le commutateur Ayrton et Perry (page 149).

Remarque: La formule (54) permet de calculer M si on ne dispose pas de condensateur. Il suffit de connaître la résistance $r + \rho + g$, de déterminer k' par l'une des formules (31', 32', 33', 34', fasc. 20), et de mesurer le courant I. On peut ramener la mesure de I à la mesure de E.

Mesure d'un cœfficient de self-induction en fonction d'une capacité et d'une résistance. Méthode de l'auteur. — On emploie le pont de Weatstone

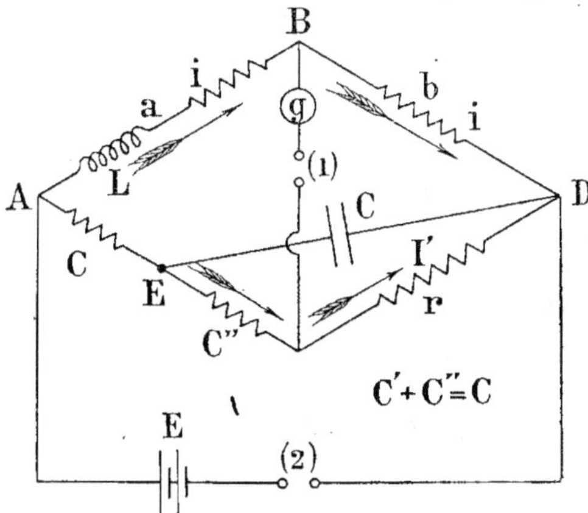

Fig. 77.

Le montage est indiqué par la figure 77. Dans la branche AB du pont on place la bobine dont on veut mesurer le coefficient de self-induction L, et — au besoin — une résistance en série ; soit a la résistance totale de cette branche, b et r sont des résistances non-inductives (b doit pouvoir supporter le courant qu'on veut faire passer dans la bobine L) ; le bras AC est formé de deux résistances non inductives c' et c'' dont on peut faire varier les valeurs tout en ayant : $c' + c'' = c$ constant. (On emploiera par exemple 2 boîtes jumelles) ; le condensateur C est monté en ED.

On règle l'équilibre en régime permanent ; il en résulte : $\dfrac{a}{b} = \dfrac{c}{r}$. On règle ensuite c' et c'' de façon à avoir aussi l'équilibre en régime variable. On a alors

$$(57) \qquad L = \frac{C\, ac' (r + c'')}{c}.$$

Pour établir cette formule, remarquons que si le galvanomètre n'est parcouru par aucun courant les points B et C sont au même potentiel, le courant dans AB est le même que dans BD, et le courant dans EC le même que dans CD.

On a donc :

$$L \frac{di}{dt} + ai = c'I + c''I'$$

$$bi = rI'$$

d'autre part

$$I = I' + \frac{dq}{dt} = I' + C(r + c'') \frac{dI'}{dt}.$$

$\left(\dfrac{dq}{dt} \right.$ est le courant qui passe dans la branche du condensateur $\left. \right)$.

On tire de ces relations :

$$\left(\frac{ar}{b} - c \right) I' = Cc'(r + c'') \frac{dI'}{dt} - L \frac{di}{dt}.$$

Or, l'équilibre étant établi en régime permanent, on a $\dfrac{ar}{b} - c = o$ donc :

$$L = \frac{Cc'(r + c'') \frac{dI'}{dt}}{di}.$$

De $bi = r\mathrm{I}'$ on déduit $bdi = rd\mathrm{I}'$ donc

$$L = \frac{Cc'\,(r + c'')\,b}{r}$$

ou

$$L = \frac{Cc'\,(r + c'')\,a}{c},$$

en tenant compte de la relation $\dfrac{b}{r} = \dfrac{a}{c}$.

Méthode de Lord Rayleigh. — Supposons qu'on forme un pont de Wheatstone avec une branche contenant la bobine de self-induction L à

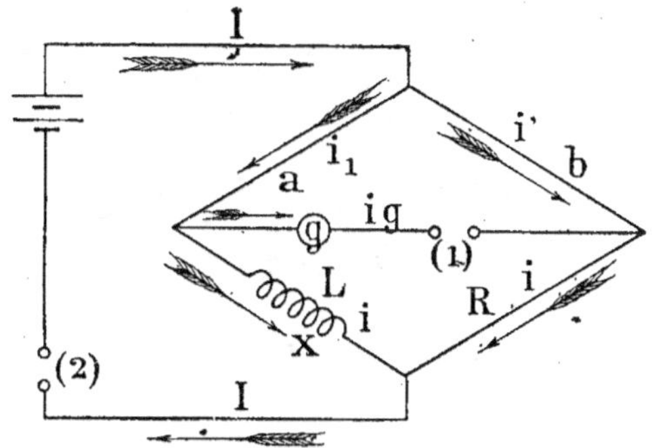

Fig. 78.

mesurer, (soit x la résistance de cette branche) et trois autres branches a, b, R non inductives (fig. 78).

Réglons d'abord l'équilibre en régime permanent, on a : $\dfrac{x}{a} = \dfrac{\mathrm{R}}{b}$. En laissant (1) fermé, fermons brusquement (2), le flux dans la bobine L va varier de Li et il y aura une quantité d'électricité induite dont une partie q traversera le balistique et donnera une élongation ε. On aura

$$(58) \qquad \varepsilon = k'q = k' \cdot \frac{Li\,(a + b)}{(x + \mathrm{R})(a + b + g) + g(a + b)}.$$

Cette formule donne L si on connaît les résistances, et les quantités k' et i.

Dans la méthode de Lord Rayleigh on s'arrange pour faire disparaître i. Supposons pour cela qu'on augmente x d'une quantité Δx, suffisamment grande pour donner en régime permanent une déviation au galvanomètre de l'ordre de grandeur de l'élongation ε, mais négligeable devant x.

On a vu (37, fasc. 20) que le courant dans le galvanomètre en régime permanent (en fermant d'abord 2 ensuite 1) est donné par :

$$i_g = \frac{(bx - aR)\,I}{(x + R)\,g + (x + R + g)\,(a + b)}.$$

Pour les valeurs précédentes de b, x, a, R et R, $ig = 0$ car $bx - aR = 0$, mais si on donne à x la valeur $x + \Delta x$ on a :

$$i_g = \frac{b\Delta x\,I}{(x + R)\,(g + a + b) + g\,(a + b)}.$$

Or

$$I = i + i', \quad xi - gi_g = Ri' \quad \text{et} \quad ai_1 + gi_g + bi'_1,$$

Si Δx est suffisamment petit pour que gi_g soit négligeable devant xi et ai, on a :

$$xi = Ri', \quad i_1 = i, \quad i'_1 = i',$$

donc

$$ai = bi' \quad \text{d'où} \quad \frac{a}{b} = \frac{i'}{a} = \frac{I}{a + b} \quad \text{donc} \quad I = \frac{a + b}{b}\,i.$$

et on tire

$$i_g = \frac{i\Delta x\,(a + b)}{(x + R)\,(g + a + b) + g\,(a + b)}.$$

Le galvanomètre, en régime permanent, donnera une déviation correspondante, α_e et on aura ;

$$(59) \qquad \alpha_e = k \cdot \frac{i\Delta x\,(a + b)}{(x + R)\,(g + a + b) + g\,(a + b)}.$$

En divisant (58) par (59) on tire

$$(60) \qquad L = \frac{k}{k'} \cdot \frac{\varepsilon}{\alpha_e} \cdot \Delta x.$$

Le rapport $\frac{k}{k'}$ est donné par les formules (31') (32') (33') et (34') fasc. 20.

Remarques. — 1° Au lieu de dérégler x il vaut mieux pratiquement dérégler R de ΔR ; on doit alors remplacer dans la formule précédente Δx par : $\frac{a}{b} \Delta$R.

2° Si la bobine L contient du fer, il faut dans le régime variable inverser I au lieu de le couper, et on doit appliquer la formule :

$$L = \frac{k}{k'} \cdot \frac{\varepsilon}{2 x_e} \cdot \Delta x.$$

ou

$$L = \frac{k}{k'} \cdot \frac{\varepsilon}{2 x_e} \cdot \frac{a}{b} \Delta R.$$

Mesure d'un coefficient de self-induction par l'emploi des courants alternatifs. Méthode de Joubert. — Soit à mesurer le coefficient de self-induction L d'une bobine de résistance R. Si on la soumet à une différence de potentiel sinusoïdale de valeur efficace E, elle sera parcourue par un courant efficace I et on aura :

$$\frac{E}{I} = \sqrt{R^2 + L^2 \omega^2}, \qquad \omega = 2\pi F,$$

(ω est la pulsation, F la fréquence du courant) on en déduit

$$(61) \qquad L = \frac{1}{I\omega} \sqrt{E^2 - R^2 I^2}.$$

$R^2 I^2$ est souvent négligeable devant E^2 et on a alors : $L = \dfrac{E}{\omega I}$.

Cette méthode est peu précise, mais très employée à cause de sa simplicité. On a supposé le courant sinusoïdal ce qui est en général suffisamment vrai.

Comparaison d'un coefficient de self-induction et d'un coefficient d'induction mutuelle. Méthode de Maxwell. — Le montage est indiqué par la figure 79. On commence par régler l'équilibre du pont en régime permanent ; on règle ensuite s de façon à avoir aussi l'équilibre en régime variable. Si on l'obtient, c'est que la force électromotrice totale

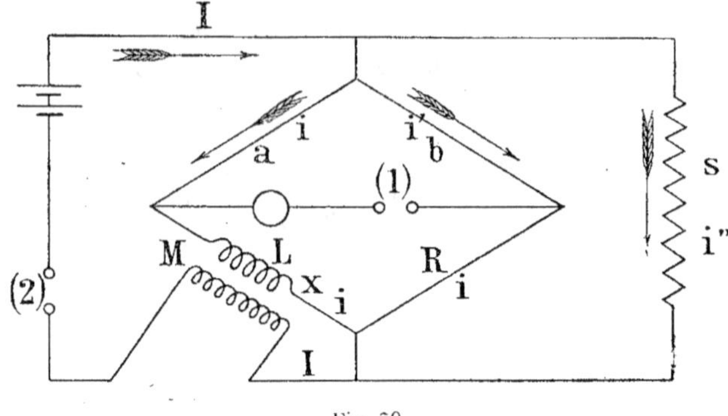

Fig. 79.

d'induction est zéro ; on a donc

$$M\frac{dI}{dt} - L\frac{di}{dt} = 0.$$

d'où $MI = Li$ donc

$$(62) \qquad \frac{L}{M} = \frac{I}{i} = \frac{i + i' + i''}{i} = 1 + \frac{i'}{i} + \frac{i''}{i} = 1 + \frac{a}{b} + \frac{a + x}{s}.$$

Commutateur tournant Ayrton et Perry. — Dans les méthodes de zéro pour la mesure des coefficients d'induction ou de capacité, dans lesquelles on opère pendant le régime variable, on peut augmenter de beaucoup la sensibilité si, au lieu de couper ou d'établir le courant de la source, on l'inverse un grand nombre de fois par seconde.

A chaque inversion, le galvanomètre reçoit une quantité d'électricité ; si les effets de ces quantités sur le galvanomètre s'ajoutaient, il donnerait une déviation permanente, comme si il était parcouru par un courant $i = nq$, n étant le nombre d'inversion par seconde.

Normalement les quantités q sont alternativement égales et de signe contraires, mais Ayrton et Perry ont disposé un commutateur qui inverse le courant de la pile et, en même temps, intervertit les connexions du galvanomètre entre 2 inversions successives, de cette façon les charges q passent toujours dans le même sens dans le galvanomètre.

La figure 80 représente un tel commutateur mis en mouvement par un moteur électrique.

Il se compose de deux inverseurs décalés à 90°. Sur l'un on monte le galvanomètre, sur l'autre la pile.

La figure 80 a représente le schema et le montage de l'un des inver-

Fig. 80. — Commutateur tournant d'Ayrton et Perry.

seurs, (le montage de l'autre est tout à fait semblable). Les parties a, c sont métalliques et isolées entre elles. La pile est connectée aux

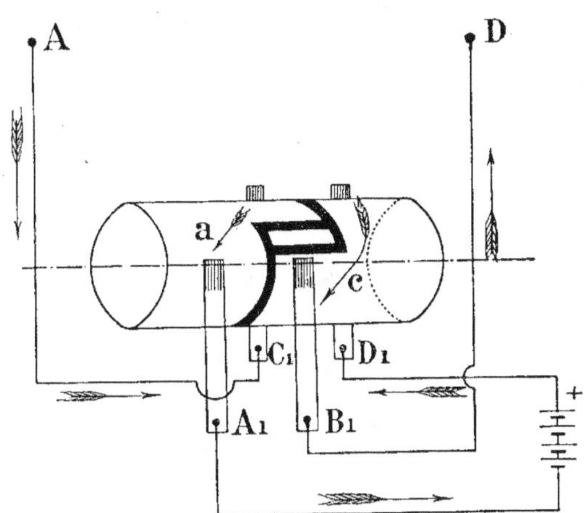

Fig. 80 a.

balais $A_1 D_1$ qui forment une des diagonales du parallélogramme $A_1 B_1 C_1 D_1$; les 2 balais $B_1 C_1$ formant l'autre diagonale sont reliés au circuit. Dans la position de la figure 80 a le courant a le sens des flèches ; si on fait tourner le cylindre d'une quantité suffisante, les balais A_1 et B_1 se mettent en communication, et de même $C_1 D_1$; le courant passe alors de D_1 à C_1, et revient par B_1 et A_1, il est donc inversé dans les fils AC_1 et DB_1 qui vont au circuit.

TABLE DES MATIÈRES

CARNETS ET BLOCS
EN PAPIER MILLIMÉTRÉ
POUR CROQUIS ET RÉDUCTIONS GÉOMÉTRIQUES

Subdivisions par centimètres avec lignes plus fortes chaque 5 millimètres

	PAPIER transparent		PAPIER FORT	
	Nᵒˢ	Fr.	Nᵒˢ	Fr.
BLOCS SUR CARTON, 13 ½ × 21 :				
Le bloc .. de 100 feuillets	5o1	1 »	5o2	1.30
Par 10 carnets		0.90		1.20
Par 50 —		0.80		1.05
Par 100 —		0.70		0.95
Le bloc .. de 200 feuillets	5o3	1.80	5o4	2.40
Par 10 carnets		1.65		2.15
Par 50 —		1.45		1.90
Par 100 —		1.25		1.70
— Id. — 21 × 27 :				
Le bloc .. de 100 feuillets	5o5	1.90	5o6	2.50
Par 10 carnets		1.70		2.25
Par 50 —		1.50		2 »
Par 100 —		1.35		1.75
Le bloc .. de 200 feuillets	5o7	3.60	5o8	4.80
Par 10 carnets		3.25		4.30
Par 50 —		2.90		3.85
Par 100 —		2.50		3.35
PIQURES, couverture moleskine, 13 ½ × 21 :				
Le carnet de 100 feuillets	5o9	1.50	51o	1.80
Par 10 carnets		1.35		1.60
Par 50 —		1.20		1.45
Par 100 —		1 »		1.25
Le carnet de 200 feuillets	511	2.75		
Par 10 carnets		2.50		
Par 50 —		2.20		
Par 100 —		1.90		
— Id. — 21 × 27 :				
Le carnet de 100 feuillets	513	3 »	514	3.75
Par 10 carnets		2.70		3.40
Par 50 —		2.40		3 »
Par 100 —		2.10		2.60
Le carnet de 200 feuillets	515	5.50		
Par 10 carnets		4.95		
Par 50 —		4.40		
Par 100 —		3.85		

Les **Blocs** *et* **Piqûres** *se font en noir, bleu ou bistre au gré des clients.*

PAPIER MILLIMÉTRÉ, subdivisions par centimètre, avec divisions plus fortes de 5 en 5 centimètres :

	Fr.	Fr.
La feuille, 50 × 65	0.10	0.20
Les 100 feuilles —	8.50	17 »
Les 500 — —	40 »	80 »

Toute demande au-dessus de **10 francs,** *envoi franco.*

TRAITÉ PRATIQUE

DE

TRACTION ÉLECTRIQUE

Par MM.

L. BARBILLION
Ingénieur-Electricien
Docteur ès sciences, Maître de Conférences
à l'Institut Electro-Technique
de l'Université de Grenoble

G. J. GRIFFISCH ✪
Ingénieur Civil
Professeur de Mécanique
Chef des Etudes de la Traction Mécanique
à la Cie Gale des Omnibus de Paris

EXTRAIT DE LA TABLE DES MATIÈRES

PREMIER VOLUME

CHAPITRE PREMIER. — *Voie ferrée.* — Première Partie : Construction et matériel. — Deuxième Partie : Appareils de voies. — Troisième Partie : Dépense d'établissement des voies. — CHAPITRE II. — *Production de l'énergie.* — Première Partie : Utilisation des sources d'énergie. — Stations centrales. — Deuxième Partie : Matériel mécanique des usines centrales. Générateurs de vapeur. — Machines à vapeur. — Appareils de condensation. Moteurs à gaz et gazogènes. Moteurs hydrauliques. — Troisième Partie : Matériel électrique des usines centrales. Dynamos génératrices. Tableaux de distribution. Batteries stationnaires. — Quatrième Partie : Calcul d'une station de force motrice pour un service de traction. — Cinquième Partie : Coûts d'établissement et d'exploitation des stations centrales. — Sixième Partie : Monographie de quelques usines de traction. Appendice. Projet d'exécution d'une usine centrale de traction. — CHAPITRE III. — *Transmission de l'énergie.* — Première Partie : Considérations générales et principes fondamentaux. — Deuxième Partie : Distribution de l'énergie par courants continus. — Troisième Partie : Distributions par contacts superficiels et trolley souterrain. — Quatrième Partie : Traction par accumulateurs. — Appendice : Comparaison économique des divers modes de traction. — CHAPITRE IV. — *Distribution du courant aux moteurs.* — Classification des systèmes d'alimentation. — Systèmes à alimentation indirecte. — Première Partie : Alimentation continue aérienne. — Deuxième Partie : Voie électrique. — Courant de retour. Appendice : Projet-type de services suburbain et interurbain. — CHAPITRE V. — *Moteurs de traction et équipements électriques.* — Première Partie : Etude théorique du moteur à courant continu. — Deuxième Partie : Moteurs de traction à courant continu. — Troisième Partie : Types divers de moteurs. — Quatrième Partie : Régulateurs et équipements à courant continu. — Cinquième Partie : Moteurs de traction à courants alternatifs. — Sixième Partie : Régulateurs de traction à courants alternatifs.

DEUXIÈME VOLUME

CHAPITRE VI. — *Matériel roulant.* — Première Partie : Voitures automotrices et tracteurs. — Deuxième Partie : Matériel roulant accessoire. — Troisième Partie : Freins. — Quatrième Partie : Accessoire du matériel roulant. — CHAPITRE VII. — *Tramways électriques.* — Première Partie : Généralités. — Tramways urbains. — Deuxième Partie : Tramways interurbains et de pénétration. — Troisième Partie : Distribution de l'énergie par courants alternatifs. — Lignes aériennes — Lignes souterraines. — Quatrième Partie : Projets-types de transmission de puissance — CHAPITRE VIII. — *Chemins de fer électriques.* — Considérations générales. — Première Partie : Métropolitains. — Deuxième Partie : Chemins de fer interurbains à grande vitesse. — Troisième Partie : Trains rapides à traction électrique. — CHAPITRE IX. — *Services spéciaux de traction électrique.* — Première Partie : Trottoirs roulants et chemins de fer suspendus. — Deuxième Partie : Chemins de fer de mines et industriels. — Troisième Partie : Traction sur fortes rampes. — Quatrième Partie : Traction sur les canaux. — Cinquième Partie : Automobiles électriques. — CHAPITRE X. — *Législation.* — Lois, décrets et arrêtés concernant les chemins d'intérêt local et les tramways. Lois et règlements sur l'établissement des canalisations électriques.

L'ensemble de cet important ouvrage comprend deux volumes
grand in-8 de 1500 pages
avec plus de 900 figures intercalées dans le texte

Prix de l'ouvrage complet : 40 fr.

4ᵉ Edition

TRAITÉ
THÉORIQUE ET PRATIQUE
DES
MOTEURS A GAZ ET A PÉTROLE
Par M. Aimé WITZ

Ingénieur des Arts et Manufactures, Docteur ès Sciences
Professeur à la Faculté Libre des Sciences de Lille, Lauréat de l'Institut (Prix Montyon de Mécanique)
et de la Société des Ingénieurs Civils de France (Prix Schneider)

Ce Traité est la quatrième édition de l'ouvrage bien connu sous le même titre; l'auteur a refondu les trois volumes parus en 1891, en 1895 et 1899 en deux forts volumes, grand in-8°, de plus de 500 pages chacun. Ce sera le traité le plus complet publié sur la question si actuelle des moteurs à gaz.

Le Tome Iᵉʳ est consacré à l'étude générique et expérimentale des moteurs; le Tome II renferme la monographie des principales machines qui ont été construites avec une discussion de leurs qualités et la description détaillée de leurs organes.

Le premier volume intéressera au même degré les théoriciens et les praticiens. Après avoir raconté l'histoire des moteurs, jusqu'en 1903, et avoir établi la base de leur classification, M. Witz étudie longuement les combustibles dont on alimente les moteurs : gaz de ville, gaz à l'eau, gaz pauvres, gaz de hauts fourneaux, air carburé, acétylène, pétrole et alcool. Un livre entier est consacré aux *gazogènes*, à injecteur de vapeur, à ventilateur, à aspiration et à combustion renversée.

La théorie générique des moteurs, donnée par l'auteur en 1884 et adoptée généralement, a été revue et complétée avec le plus grand soin, de manière à répondre à toutes les critiques et à satisfaire les théoriciens les plus scrupuleux. Mais la théorie expérimentale, entendue comme le faisait Hirn, jette plus de lumière encore sur le sujet et se prête à des applications plus immédiates : on sait que c'est l'œuvre capitale de M. Witz.

Les essais des moteurs font l'objet d'une étude critique approfondie; elle est suivie d'un exposé des résultats les plus dignes d'attention obtenus sur les meilleurs moteurs.

Le Tome I se termine par l'exposé des méthodes permettant de calculer la puissance d'une machine construite et les dimensions d'une machine à construire suivant un programme déterminé.

Préparée de la sorte, l'étude individuelle des moteurs, qui est reportée au Tome second, devait être intéressante et fructueuse.

M. Witz y décrit et étudie cent douze moteurs à gaz et trente-neuf moteurs à pétrole; il discute leurs qualités respectives et met en lumière ce qu'ils présentent de neuf et d'original au point de vue théorique et pratique. Des vues d'ensemble, accompagnées de coupes nombreuses, permettent de se rendre compte de la disposition de leurs organes et des détails de leur construction.

Un chapitre spécial est consacré à l'étude comparative des principaux éléments des moteurs : ces rapprochements synthétiques sont l'occasion d'une nouvelle discussion critique des dispositifs adoptés par les meilleurs constructeurs, dans laquelle l'auteur a accumulé les renseignements techniques qui peuvent intéresser les inventeurs et les constructeurs.

Un autre chapitre a pour objet l'installation, la conduite et l'entretien des moteurs : c'est un exposé clair et méthodique de ce que doivent savoir les industriels, qui emploient les moteurs à gaz. La lecture de ce résumé leur épargnera bien des mécomptes; car ils y trouveront de précieuses indications.

Il fallait enfin faire connaître les nombreuses applications des moteurs dans la petite et la grande industrie, et établir sur ces chiffres indiscutables les avantages économiques et pratiques de leur emploi. Ici encore les documents abondent et ils plaident éloquemment la cause de ces remarquables machines, dont M. Witz avait entrevu les grandes destinées dès 1885, lors de la publication de la première édition de son livre.

L'ensemble de l'ouvrage comprend deux forts volumes grand in-8° jésus de 1136 pages, 575 figures intercalées dans le texte, et 6 phototypies hors texte.

Prix des deux volumes brochés . . . . **30 fr.**

Un Supplément comprenant les derniers perfectionnements apportés aux Gazogènes et aux Moteurs à Gaz *est en préparation.*

Encyclopédie Électrotechnique

PAR

Un Comité d'Ingénieurs Spécialistes

M. F. LOPPÉ

INGÉNIEUR DES ARTS ET MANUFACTURES

Secrétaire

TITRES DES FASCICULES

1. Électrostatique.
2. Courant électrique. — Résistance. — Loi de Ohm. — Théorie des ions.
3. Magnétisme et électromagnétisme 1re partie.
4. — — 2e partie.
5. Induction. — Théorie des courants alternatifs et polyphasés.
6. Courbes de tension et de courant. — Oscillographe.
7. Historique. — Unités. — Système C. G. S. — Les erreurs.
8. Lois de l'électrolyse.
9. Piles électriques.
10. Wattmètres.
11. Dynamos à courant alternatif. — Théorie et enroulements.
12. Dynamos à c. a., calcul, construction.
13. Dynamos à c. c. — Théorie et enroulement.
14. Dynamos à courant continu. — Calcul et construction.
15. Transformateurs.
16. Transformation des courants. — Permutatrices. — Commutatrices, etc.
17. Accumulateurs électriques. 1re partie.
18. Accumulateurs électriques. 2e partie.
19. Emploi des accumulateurs.
20. Mesures électriques et appareils 1re partie.
21. — — — 2e partie.
22. — — — 3e partie.
23. Les isolants employés dans la pratique.
24. Câbles, construction.
25. Câbles, pose et essais.
26. Lignes aériennes.
27. Lignes aériennes.
28. Limiteurs de tension. — Parafoudres.
29. Appareillage d'interruption.
30. Lampes à incandescence.
31. Lampes à arc.
32. Moteurs à courant continu.
33. Moteurs à courant alternatif.
34. Distribution. — Transport de l'énergie.
35. Les machines électriques alternatives à collecteurs. — Commutations. — Moteurs à répulsion. — Moteurs compensés.
36. Construction d'une usine centrale à vapeur. — Choix des moteurs. — Etude comparative.
37. Construction d'une usine centrale hydraulique. — Turbines de divers systèmes.
38. Réglage mécanique et électrique. — Tableaux de distribution. — Compoundage des groupes électrogènes.
39. Réglage mécanique et électrique, etc. 2e partie.
40. Exploitation d'une usine centrale. — Courbes d'exploitation. — Dispositifs permettant l'utilisation intégrale de la puissance d'une chute d'eau. — Prix de revient de l'énergie.
41. Emploi particulier de l'électricité dans les mines et les laminoirs.
42. Appareillages. — Installations. — Règlement intérieur des Cies.
43. Essais des machines électriques. — Mesures mécaniques.
44. Electrochimie.
45. Fours électriques.
46. Emplois divers de l'électricité. — Signaux. — Téléphonie. — Télégraphie. — Rayons X.
47. Essai des machines à courant continu.
48. Essai des machines à courant alternatif.
49. Traction électrique terrestre et sur canaux à courant continu.
50. Traction électrique terrestre et sur canaux à courant alternatif.
51. Electricité médicale.
52. Télégraphie et téléphonie.
53. Précis de législation de l'électricité avec les textes des lois, décrets et arrêtés actuellement en vigueur.
54. Les Théories modernes de l'électricité.

Les Fascicules 1, 2, 3, 4, 10, 19, 20, 21, 35, 43, 53 déjà parus.

Chaque fascicule sera indépendant et comprendra au moins 100 pages, format grand in-8° raisin, avec de nombreuses figures intercalées dans le texte.

Prix de chaque fascicule **2.50**

Prix de souscription à l'ouvrage complet : **115 francs.**

MODE DE PAIEMENT : **20 fr.** en souscrivant et **10 fr.** au fur et à mesure de l'apparition de **5** fascicules. — **10 %** de réduction pour le paiement comptant de la souscription complète.

9 782329 794303